Der Haschisch-Club

»Dies wird Ihnen dereinst von Ihrem Anteil am Paradies abgezogen werden«, sagte er, als er mir die Dosis überreichte, die mir zustand.

Ulf Müller / Michael Zöllner (Hg.)

Der Haschisch-Club

Ein literarischer Drogentrip

Tropen

Vielen Dank für Unterstützung und Tips an:
Ivon Cervino Sancha, Heinrich Didwiszus
und Leander Scholz.

cc – carbon copy books no. 15

© 2002 Tropen Verlag
www.tropen-verlag.de
Alle Rechte vorbehalten.
Weitere Nachweise siehe letzte Seite.

Umschlag unter Verwendung einer Radierung
von M. von Schwind, 1843
Innenumschlag und Titelseiten unter Verwendung
eines Fotos von Peter Löffelholz

Gesamtherstellung: Fuldaer Verlagsagentur
Printed in Germany

ISBN 3-932170-57-1

Inhalt

Entree 7

Théophile Gautier: *Im Haschisch-Club* 20

Marco Polo: *Der Alte vom Berge und seine Assassinen* 25

Fitz Hugh Ludlow: *Der Weg in die Nacht* 29

Charles Baudelaire: *Die Moral des Haschisch* 51

Gustave Flaubert: *Brief an Charles Baudelaire* 58

Mark Twain: *Der Wendepunkt meines Lebens* 61

Sigmund Freud: *Die Cocawirkung beim gesunden Menschen* 67

Walter Benjamin: *Haschisch in Marseille* 75

Antonin Artaud: *Der Peyotl-Ritus der Tarahumaras* 87

William S. Burroughs: *Auf der Suche nach Yage* 97

Henri Michaux: *Unseliges Wunder – Das Meskalin* 113

Aldous Huxley: *Die Pforten der Wahrnehmung* 127

Anaïs Nin: *Die Tagebücher der Anaïs Nin* 138

Albert Hofmann: *LSD – mein Sorgenkind* 151

Timothy Leary: *High Priest* 161

Tom Wolfe: *Cosmos Tasmanische Teufelei* 177

Ernst Jünger: *Drogen und Rausch* 201

Peter Weibel: *Dope und Pop* 211

Brion Gysin: *Haschisch-Toffee* 222

ULF MÜLLER / MICHAEL ZÖLLNER

Entree

Die Behandlung der Drogenproblematik in der Öffentlichkeit erweckt oftmals den Anschein, als sei die Verwendung von Rauschmitteln allein ein Thema der modernen Gesellschaft. Schaut man jedoch in der Geschichte zurück, so scheinen Menschen schon mit Entstehen des kulturellen Bewußtseins versucht zu haben, ihren Geist mit Hilfe von Drogen zu ergründen. Die schriftlich überlieferte Geschichte des Drogenrausches reicht zurück bis in die *Rig-Veda*, den Urtext der Hindu-Religion, in dem sich Hinweise auf eine psychoaktive Droge namens Soma finden, und sie zieht sich durch alle Kulturen und Epochen. Der dem Menschen eigene Drang, seine geistige Welt zu erweitern, verbindet den Hindu-Fakir mit dem christlichen Asketen, den indianischen Peyote-Schamanen mit dem wissenschaftlichen Mystiker vom Format eines Aldous Huxley. Doch warum haben Menschen aus den verschiedensten Gründen und zu den unterschiedlichsten Anlässen versucht, sich durch Drogen in Zustände des Rausches zu versetzen? Hatte Charles Baudelaire recht mit seiner Annahme, der Mensch besitze ein angeborenes Bedürfnis zur Überschreitung seiner Erfahrungsgrenzen, etwas, das er den »Durst nach dem Unendlichen« nannte?

Auf ihrer Suche nach den Quellen der Inspiration und den verborgenen Mechanismen des Bewußtseins waren Schriftsteller seit jeher von den Lockungen der Drogen fasziniert. In »Der Haschisch-Club« treffen sich die großen Schriftsteller und Forschernaturen der Weltliteratur und erzählen von ihren oftmals ambivalenten Erfahrungen, mit denen sie das gesellschaftliche Bild der Drogen prägten.

Neben den Schilderungen der berauschenden Wirkungen des Haschisch in den *Märchen aus Tausendundeiner Nacht* regte besonders die Legende des Alten vom Berge aus den Reiseberichten des venezianischen Kaufmanns Marco Polo die Phantasie der Dichter an. Hasan Sabbâh führte ihr zufolge seine Assassinen genannten Meuchelmörder mit einem Haschischtrunk »sowohl in die Welt glückseliger Träume als auch in die des Mordes«, wie Ernst Jünger bemerkte. Indem die Legende die traumhafte Seite des Rausches mit dem Alptraumhaften verbindet, bildet sie einen der Grundsteine des abendländischen Schreibens über Drogen und öffnet so die Salontüren in die Hallen des Haschisch-Clubs.

Dieser *Club des Hachichins*, eine lockere Versammlung von Boheme-Künstlern, der neben Nerval, Daumier und Balzac auch Charles Baudelaire und Gustave Flaubert angehörten, traf sich um 1840 wöchentlich in Paris, genauer gesagt im Hôtel Pimodan auf der Île Saint-Louis. Zur Inspiration der vom bürgerlichen Leben gelangweilten Künstler wurde Damawesc gereicht, eine Haschisch-Konfitüre, die der an der halluzinogenen Wirkung der Droge interessierte Mediziner Jaques-Joseph Moreau von einer Reise aus Algier mitgebracht hatte. Das Haschisch war bereits mit dem Napoleonischen Ägyptenfeldzug nach Europa gelangt, aber erst im *Club des Hachichins* avancierte es zum Fluchthelfer aus dem bourgeoisen Ennui.

Der in den Pariser Kreisen profilierte Schriftsteller und Kritiker Théophile Gautier konnte zu seinen dekadenten Errungenschaften die Mitbegründung eben jenes Clubs zählen. 1846 gab er in der *Revue des Deux Mondes* den lebhaften Bericht eines pomphaften abendlichen Haschischmahls ab, von dem hier ein Ausschnitt dokumentiert ist. Als Moreau Gautier seine Haschisch-Portion überreichte, kommentierte der listig lächelnde Mediziner seine Gabe mit den Worten: »Dies wird Ihnen dereinst von Ihrem Anteil am Paradies abgezogen werden.«

Überraschenderweise stellte das hier aufgeworfene moralische Dilemma, das irdische Paradies des Rausches durch das himmlische zu erkaufen, für den Dandy Charles Baudelaire ein weitaus größeres Problem dar als für Gautier. Baudelaire hatte die Welt des Drogenrausches und der veränderten Bewußtseinszustände mit höchsten Erwartungen betreten. In seiner 1851 erschienenen Studie »Wein und Haschisch« erhoffte er sich noch eine »außerordentliche poetische Entwicklung« durch den Haschisch-Rausch. Sein jahrelanger Opiumgebrauch führte ihm jedoch die Zweischneidigkeit des Drogenkonsums in aller Deutlichkeit vor Augen. Der hier abgedruckte Text aus *Les Paradies Artificielles* von 1860 stellt die Überzeugung des enttäuschten Rauschpoeten dar, daß Haschisch zwar auf der einen Seite die Erfindungsgabe steigert, zugleich aber die Fähigkeit schwächt, Nutzen daraus zu ziehen. Mit dem auf die Legende von Hasan Sabbâh abzielenden Begriff der »künstlichen Paradiese« hat Baudelaire das Schreiben über Drogen entscheidend geprägt und ihm damit seinen moralischen Stempel aufgedrückt.

Nach Veröffentlichung seiner *Künstlichen Paradiese* schickte Baudelaire ein druckfrisches Exemplar an seinen Freund Gustave Flaubert. Der hatte den zu diesem Zeitpunkt schon länger zurückliegenden Sitzungen im *Club des Hachichins* mehrere Male beigewohnt und, wie vermutet werden darf, einige der Erfahrungen gewinnbringend in seinem Roman *Madame Bovary* verarbeiten können. In seinem Antwortbrief äußert er seine unverholene Kritik an Baudelaire: Die allzu voreilige Verurteilung des Haschisch mute doch ein wenig wie der »Sauerteig des Katholizismus« an.

Auch in den Vereinigten Staaten gelangte das Haschisch bald ans Licht der Öffentlichkeit. Neben dem Journalisten Bayard Taylor, der 1854 in der Zeitschrift *Atlantic Monthly* von seinen phantastischen Reisen ins Land der Träume berichtete, fiel Fitz Hugh Ludlow die Rolle eines der ersten THC-Pioniere in den USA zu. Dem 18-jährigen Studenten und Sohn eines presbyterianischen Geistlichen gelangten die Reiseberichte Taylors just in dem Moment in die Hand, als er selbst als Aushilfskraft in der Apotheke seines Studienortes mit der Droge zu experimentieren begann. Angespornt von Taylor schrieb er seine Rausch-Erfahrungen nieder und publizierte sie 1857, aus Furcht vor den öffentlichen Reaktionen zunächst anonym, unter dem Titel *The Hasheesh Eater. Being Passages from the Life of a Pythagorean*. Darin begibt sich Ludlow in den Fußstapfen des englischen Opiumessers und Urvaters des Genres Thomas de Quincey auf eine Entdeckungsreise durch die, wie er es nennt, großartigen, unbekannten und geheimnisvollen Gefilde des Denkens. Nicht zuletzt aufgrund seiner ungehemmt poetischen Prosa verschaffte das Buch Ludlow ein beachtliches Ansehen in literarischen Zirkeln. Seine Wiederentdeckung durch die Beat-Generation in den 60er Jahren des letzten Jahrhunderts sicherte Ludlow den Status eines Klassikers der Drogenliteratur. Wenig bekannt ist sein Engagement für die Bekämpfung der Opiumsucht, in dessen Zuge er eine der wohl ersten Suchtberatungsstellen der Welt gründete.

Ein alter Freund Ludlows, Mark Twain, wurde später neben anderen prominenten Schriftstellern von der Zeitschrift *Harper's Bazaar* gebeten, über den »Wendepunkt« seines Lebens zu berichten. Twain gab den Lesern eine humorvolle Geschichtsstunde. Im Kern seines Essays steht eine faszinierende Was-Wäre-Wenn-Geschichte, in der Twain beschreibt, wie ihm das Schicksal mittels einer achtlos fallengelassenen 50-Dollar-Note den Wink gab, eine aberwitzige Eingebung in die Tat umzusetzen: den Plan, die sagenumwobene Coca-Pflanze von einer eigenen Plantage am Amazonas aus in die ganze Welt zu exportieren.

Was Twain nicht vergönnt war (die Schiffsverbindung, mit der er sich zum Amazonas aufmachen wollte, existierte gar nicht) erledigten bald andere für ihn. Um 1860 hatte die Coca-Pflanze jedenfalls die chemischen Labore Europas erreicht und gelangte 20 Jahre später in kristalliner Form in die begierig ausgestreckten Hände des noch jungen und nach wissenschaftlicher Anerkennung strebenden Wiener Psychiaters Sigmund Freud. Ab 1884 experimentierte er mit dem noch wenig bekannten Alkaloid, das er als Antidepressivum an sich selbst und zur Behandlung einer Morphinsucht an seinem Freund Ernst von Fleischl-Maxrow testete. Während das Kokain ihm tatsächlich die Zunge löste, wie ein Brief an Martha aus Paris belegt, mißlingt der Versuch, seinem Freund das Morphin mit dem Kokain auszutreiben. Fleischl entwickelt eine kombinierte Morphin-Kokain-Sucht, an der er 1891 stirbt. Eine Erfahrung, die beim Vater der Psychoanalyse zwar Zweifel hinsichtlich des therapeutischen Nutzens von Kokain aufkommen ließ, ihn aber dennoch nicht von dessen Gebrauch abhielt. Einige Wissenschaftler halten es sogar für ausgemacht, daß die Kokain-Euphorie Freud den Zugang zum eigenen Unterbewußtsein erleichtert habe. Hier abgedruckt ist der erste von insgesamt drei Aufsätzen, die Freud über das Kokain schrieb und den er nach seinen tragischen Erfahrungen als einzigen gelten ließ.

Weniger der Forschertrieb als ein philosophisches Interesse führte den deutschen Intellektuellen Walter Benjamin zu seinen Haschisch-Experimenten und in die Hafenkneipen Marseilles. Für Benjamin war der Rausch nicht Selbstzweck, vielmehr sah er in ihm ein umstürzlerisches Potential. Im Drogen-Rausch erhoffte er sich ein Mittel, die Trennung von Subjekt und Objekt zu überwinden, indem er die gegenseitige Durchdringung von Geist und Materie im Alltäglichen ermögliche, ein Vorgang, den Benjamin als »profane Erleuchtung« bezeichnete. Während er bei seinen zusammen mit Ernst Bloch unter ärztlicher Aufsicht durchgeführten Experimenten auf eine äußerst penible Protokollierung wert legte, besticht der Artikel *Haschisch in Marseille* aus der Frankfurter Zeitung durch seine poetische Kraft und unterstreicht damit den Satz Benjamins: »Im Haschisch sind wir genießende Prosawesen höchster Potenz.«

Nach der Machtübernahme der Nationalsozialisten ging Benjamin ins französische Exil und nahm sich 1940 auf der Flucht vor der Gestapo das Leben. Ein anderer dem Surrealismus nahestehender Literat, Antonin Artaud, flüchtete 1936 vor den beunruhigenden Stimmen in seinem Inneren und angeekelt von der europäischen Zivilisation nach Mexiko. Er suchte nach einer urwüchsigen und unverfälschten Spiritualität und fand – ein europäisiertes Mexiko. Erst bei den Tarahumara-Indianern begegnete ihm fast dreißig Jahre vor Carlos Castaneda im Peyote-Kult, wonach er suchte. Das Pulver des magischen Kaktus, aus dem der Leipziger Chemiker Arthur Heffter bereits 1896 das psychoaktive Alkaloid Meskalin isoliert hatte, sollte das Ich zu seinen »wahren Quellen« und Artaud zumindest zeitweilig zu sich selbst zurückführen. Später schrieb er: »Es ist nicht Jesus Christus, den ich bei den Tarahumara gesucht habe, sondern mich selbst, Antonin Artaud, geboren am 4. September 1896 in Marseille, 4, rue du Jardin des Plantes.« Den Bericht über seine Erlebnisse verfaßte der Dichter 1943, nach sieben Jahren Internierung in der Irrenanstalt von Rodez.

Auch William Burroughs, den herausragendsten Vertreter der Beat-Generation und Kenner jeglicher seinerzeit erhältlichen Droge, verschlug es auf seiner Flucht aus der obszönen Wirklichkeit der Konsumgesellschaft in magische Landstriche. Am Schluß seines ersten Romans *Junkie*, in dem er seine eigenen bitteren Erfahrungen mit der Heroinsucht verarbeitete und das Dasein des Süchtigen in Schmutz und Elend als Ergebnis eines unmenschlichen Wertesystems schildert, kündigte er seine Suche nach dem reinen Kick an, »der das Gesichtsfeld erweitert, statt es wie Junk einzuengen«. Er hoffte, ihn in Yage zu finden, der Wunderdroge aus *Banisteriopsis*, der »Liane der Geister«, deren wirksamer Bestandteil das Harmalin ist. 1953, noch vor Erscheinen von *Junkie*, machte er sich auf nach Peru und Kolumbien und berichtete seinem Freund Allen Ginsberg in einer Serie von Briefen von seinen Irrfahrten, die letztlich mit einer »Kiste voll Yage« belohnt wurden. Aber auch diese Droge verwandelte sich unter seinen Händen unversehens zu »Junk«, und Burroughs trieb weiter von einer Droge zur nächsten, von einem Alptraum zum anderen.

Dem aus Peyote gewonnenen Meskalin wird die Eigenschaft zugesprochen, aus alltäglichen und banalen Wahrnehmungen mystische Offenbarungen zu destillieren. Bei Artaud schien das der Fall gewesen zu sein, sicherlich auch, weil er danach gesucht hatte. Der von ihm beeinflußte französische Dichter und Maler Henri Michaux hatte bei seinen etwa 20 Jahre später unternommenen Meskalin-Experimenten einen völlig anderen Zugang.

Während Artaud sich mit seiner gesamten Existenz engagierte, blieb Michaux auch im Meskalin-Rausch der nüchterne Logiker, der er war. In der Rauscherfahrung suchte er ein besseres Verständnis der gewöhnlichen Bewußtseinsprozesse. »Ich war ein Sprechen, das versuchte, mit der Geschwindigkeit der Gedanken Schritt zu halten«, schrieb er 1927 in *Qui je fus*. In *Misérable Miracle. La mescaline*, seinem ersten von insgesamt sechs Büchern über den Drogenrausch, bleibt er diesem Motto treu. Wie ein Pilot sitzt er im Cockpit seines exaltierten Selbst und zeichnet in aller Genauigkeit die Ausschläge der Instrumente kurz vor der stets befürchteten Katastrophe auf. Mit seinen Protokollen schuf Michaux eine in ihrer wirbelnden Poesie und stilistischen Genauigkeit beispiellose Abbildung des vom Halluzinogen beeinflußten Gedankenstroms.

Der englische Philosoph und Schriftsteller Aldous Huxley schildert seine erste Meskalin-Erfahrung von 1953 in seinem Buch *Die Pforten der Wahrnehmung* und schrieb damit einen der einflußreichsten Beiträge zur Drogenliteratur. Für Huxley erschlossen sich im Rausch die Dinge in ihrem ursprünglichen, zeitlosen Dasein, das dem alltäglichen, durch die engen Pforten der Wahrnehmung behinderten Blick verborgen bleibt. Mit seinen Ideen leitete er das psychedelische Zeitalter ein, das dem halluzinogenbedingten Rausch eine feste Rolle als Erkenntnismittel für das Subjekt der Modernen Gesellschaft zusprach. Die Bedeutung der halluzinogenen Drogen sah Huxley darin, daß sie auch dem einfachen Menschen die außergewöhnlichen Bewußtseinszustände der Mystiker, Heiligen und Künstler ermöglichen. »Was benötigt wird, ist eine neue Droge, die unserer leidenden Spezies Erleichterung und Trost brächte, ohne auf die Dauer mehr zu schaden, als auf kurze Zeit gut zu tun«, schrieb Huxley und wendete so seine negative Utopie aus der *Schönen Neuen Welt*, die sich mit der Wunderdroge Soma betäubt, ins Visionäre. Während Huxley die Landschaft jenseits der Pforten der Wahrnehmung beschrieb, lieferte der beim Baseler Sandoz-Konzern beschäftigte Naturstoffchemiker Albert Hofmann den chemischen Schlüssel dazu. Auf der Suche nach einem Atmungs- und Kreislaufstimulans gelang ihm erstmals 1938 die Synthetisierung des LSD 25 aus dem Mutterkornpilz, das später zur Wunderdroge der Hippie-Bewegung werden sollte. Allerdings stellten sich in den anschließenden Tierversuchen mit dem Lysergsäure-Derivat Nummer 25 nicht die gewünschten Ergebnisse ein und die Substanz verschwand zunächst in der Schublade. Während der zweiten, fünf Jahre später durchgeführten Synthese wurde Hofmann von einem eigenartigen Schwindel erfaßt, der ihn zu einem Selbstversuch mit der gereinigten Substanz veranlaßte und im weltweit ersten LSD-Trip auf einer Fahrradfahrt mündete. Die Suche nach den magischen Halluzinogenen, deren kulturellen Gebrauch in Europa er bis zu den Initiationsriten des antiken griechischen Eleusis-Mysteriums zurückverfolgte, bestimmte fortan seine Forschungen. Dahinter stand der Gedanke, daß besonders das LSD die auf mystisches Erleben ausgerichtete Meditation von der stofflichen Seite her unterstützen könnte.

Bei diesen Überlegungen kam ihm wohl auch seine Freundschaft mit dem Orientexperten Rudolf Gelpke und dem Schriftsteller Ernst Jünger zugute, die er mit den neuesten Nachrichten aus der Welt der Wunderdrogen versorgte und mit denen er sich in den 50er Jahren gelegentlich zu Forschungsreisen »in den Weltraum der Seele« traf. Nach ihrer ersten LSD-Reise, für die Hofmann vorsichtshalber eine sehr niedrige Dosierung wählte, sagte der leicht enttäuschte Jünger: »Es ist doch nur eine Hauskatze, verglichen mit dem Königstiger Meskalin, im besten Fall ein Leopard«, ein Urteil, das er später freimütig revidierte. Vor dem Hintergrund eines außerordentlichen Erfahrungsschatzes, der bis auf Äther- und Haschisch-Experimente in seiner Jugend zurückreichte, veröffentlichte Jünger das Buch *Annäherungen*, das neben seinen Erlebnisschilderungen auch eine äußerst differenzierte Betrachtung von Rausch und Droge beinhaltet. Er schließt diese mit dem Narziß-Mythos ab und nimmt ihn als Bild für die Gefahr, sich im Rausch zu verlieren wie Narziß in seinem Spiegelbild.

Inzwischen zog das LSD immer weitere Kreise, zunächst allerdings noch in den Praxen von Psychiatern und Psychoanalytikern, die das Lysergsäurediethylamid als wirksames Hilfsmittel auf der Suche nach dem Unbewußten und den Quellen der Kreativität feierten. Eines Tages meldete sich, durch Berichte von Freunden neugierig geworden, Anaïs Nin als Probandin für ein solches Experiment. Die sinnlich-sensible Kultfigur des Feminismus und Geliebte Henry Millers hatte mit ihren Romanen und Tagebuchaufzeichnungen intimste Themen berührt und damit nicht nur in ihre eigene Psyche empfindliche Sonden gelegt. In den *Diaries* von 1955 berichtet sie von ihrer LSD-Erfahrung und unterzieht sie einer kritischen Betrachtung. Zur Überraschung aller, eingeschlossen ihrer selbst, genoß sie die vom LSD hervorgerufenen Visionen zwar, fand darin aber keine neuen Bilder, die ihr als Quelle von Freude und Ekstase hätten dienen können. In ihrer konsequenten Art beschloß sie, keine weiteren Experimente mit LSD mehr durchzuführen.

Ganz anders dagegen der junge Harvard-Dozent Timothy Leary, der sich später selbst mit seiner Heilslehre des »turn on, tune in, drop out« zum Hohepriester der Hippie-Bewegung kürte. Nachdem der Psychologe 1960 in Mexiko das erste Mal mit dem legendären Heiligen Pilz *Psilocybe* in Berührung kam, widmete er sich ganz den Wirkungen und Anwendungsmöglichkeiten psychedelischer Drogen. Was mit einem wissenschaftlichen Anspruch begann, führte bald zu einer unkontrollierten Verbreitung der Droge weit über die Grenzen der USA hinaus. Albert Hofmann erinnert sich in *LSD – mein Sorgenkind* an Learys, von Sandoz letztendlich nicht ausgelieferte Bestellung von hundert Gramm LSD, was für gut eine Million Psycho-Trips gereicht hätte. Kurz darauf wurde Leary aus dem Universitätsbetrieb ausgeschlossen und gründete zunächst ein psychedelisches Forschungszentrum in Mexiko, bevor er nach längerer Odyssee in die Schweiz auswanderte. Die Schilderung seines ersten LSD-Erlebnisses ist seiner Autobiografie *High Priest* entnommen und beschreibt anschaulich die Flugbahn, mit der ihn das LSD aus dem bürgerlichen Leben hinauskatapultierte, mitten hinein in »einen Tanz der reinen Energie«.

Das ganz konkrete Tanzerlebnis stand im Mittelpunkt der *Merry Pranksters*, einer höchst sonderbaren Truppe, die im Frühjahr 1964 in ihrem grell bemalten Schulbus die amerikanische Öffentlichkeit aufschreckte. Zusammen mit einer Gruppe von jugendlichen Aussteigern und unterstützt von der Acid-Rockband *The Grateful Dead* ging Ken Kesey, der zuvor mit seinem Roman *One Flew Over the Cuckoo's Nest* einen Welterfolg gelandet hatte, auf große Fahrt durch die USA. Mit einem Kanister LSD-haltigen Orangensafts sowie dem New Yorker Schriftsteller und Journalisten Tom Wolfe im Gepäck starteten sie von Keseys Anwesen im kalifornischen La Honda aus, mit dem Ziel, das Land mit ihren schrägen LSD-Partys, den Acid-Tests zu überziehen. In seinem Buch *The Electric Kool-Aid Acid Test* setzte Wolfe den *Merry*

Pranksters ein Denkmal. Seine sprachgewaltige Schilderung eines jener Acid-Test-Ereignisse beschwört das Flackern des von Kesey bedienten Stoboskops herauf und läßt erahnen, worum es den Pranksters ging: die pure Lust am LSD-Rausch und eine freie Persönlichkeitsentfaltung fernab von jeglichem weltanschaulichen Ballast.

Damit leiten die Pranksters über in eine Phase, in der Rauschmittel zu einem festen Bestandteil der Spaßkultur geworden sind und für die Peter Weibel mit seinem Text *Dope und Pop* den Jargon des Drogen-Konsums liefert. Dem Videokünstler und Medienwissenschaftler zufolge strömt täglich ein Gemisch aus Popmusik und Drogensprache aus dem Radio, das bereits auf diese Weise unbemerkt zu einer Veränderung des Bewußtseins führt. Vielleicht ist dies einer der Gründe dafür, daß auch die zeugnisreiche literarische Auseinandersetzung mit dem Drogenrausch und dessen mystischen und kulturellen Wurzeln wenn nicht verlorengegangen, so doch zumindest abgeflaut ist.

Doch glauben wir Baudelaire, besteht der Durst nach dem Unendlichen auch weiterhin. Die drogenbeflügelten Reiseberichte, die in diesem Lesebuch versammelt sind, führen über die Kontinente hinweg bis tief hinein in das Labyrinth des erweiterten Bewußtseins und von dort wieder zurück auf die energiegeladenen Tanzflächen der Pop-Kultur. Mit »Der Haschisch-Club« wollen wir dem Leser einen literarischen Drogentrip bieten, in dessen Verlauf er sich seine eigene Landkarte des Bewußtseins entwerfen kann.

Im Haschisch-Club

*E*iner geheimnisvollen Aufforderung Folge leistend, deren Ton in einer rätselhaft-dunklen Sprache abgehalten war, die anderen unzugänglich blieb, kam ich an einem Dezemberabend in ein abgelegenes Quartier, einer Art Oase der Einsamkeit im Herzen von Paris, die der Fluß, indem er sie mit seinen beiden Armen umschlang, gegen die Übergriffe der Zivilisation zu verteidigen schien.

Denn der merkwürdige Club, dem ich seit kurzem angehörte, hielt in einem alten Haus auf der Île Saint-Louis, dem Hôtel Pimodan, seine monatlichen Séancen ab, denen ich nun zum ersten Mal beiwohnen sollte.

War es noch nicht einmal sechs Uhr, so war doch die Nacht bereits schwarz. Ein Nebel, durch die Nähe der Seine noch dichter geworden, verschleierte alles Gegenständliche mit seiner bisweilen vom rötlichen Schimmer der Laternen und dem aus erleuchteten Fenstern dringenden Licht durchsetzten und durchlöcherten Watte.

Das Straßenpflaster, vom Regen überschwemmt, spiegelte unter den Laternen wie Wasser, das eine Erleuchtung wiedergibt. Ein scharfer Nordwind, gespickt mit gefrorenen Teilchen, peitschte einem ins Gesicht, und sein kehliges Pfeifen bildete das Gespinst einer Symphonie, zu der die gefrorenen Wellen, die an den Bogenpfeilern der Brücken zerschellten, den Grundton bildeten: diesem Abend mangelte es nicht an der herben Poesie des Winters.

Es war schwierig, bei dieser Unmenge dunkler Gebäude entlang des verlassenen Quais das Haus auszumachen, das ich suchte; dennoch gelang es meinem Kutscher, indem er sich von seinem Sitz aufrichtete, den zur Hälfte seines Goldes beraubten Namen des ehemaligen Hotels *auf einem Marmorschild zu entziffern, den Versammlungsort der Eingeweihten.*

Ich hob den geschnitzten Türklopfer – der Gebrauch von Kupferklingeln hatte sich noch nicht bis in diese rückständigen Länder verbreitet – und hörte daraufhin, wie der Türzug mehrmals vergeblich knirschte; endlich aber, einem kräftigeren Ziehen nachgebend, entriegelte sich der klemmende Bolzen, und die Tür aus alten Bohlen drehte sich in ihren Angeln.

Als ich eintrat, erschien hinter einer Glasscheibe von gelblicher Transparenz der Kopf einer alten Portiere, umrissen durch das Flakkern eines Kerzenschimmers. Das Gesicht schnitt mir eine sonderbare Grimasse, und ein magerer Finger, der sich aus der Loge herausstreckte, wies mir den Weg.

Soweit ich bei dem fahlen Schimmer, der sich vom dunklen Himmel aus verbreitete, erkennen konnte, war der Hof, den ich durchquerte, von Gebäuden im alten Stile eingefaßt; ich spürte, wie meine Füße feucht wurden, als würde ich durch eine Wiese streifen, denn die Ritzen zwischen den Pflastersteinen waren von Gras überwuchert. Die hohen, schmalen Fenster der Treppe, die an der dunklen Fassade funkelten, dienten mir als Wegzeichen.

Die Vortreppe überschritten, befand ich mich am Fuße einer dieser ausladenden Treppenaufgänge, wie man sie zur Zeit Ludwig des XIV konstruierte, und in denen ein modernes Haus bequem hätte tanzen können. Eine ägyptische Schimäre im Stile Lebruns, von einem Amor beritten, streckte seine Läufe auf einem Sockel aus und trug in seinen zu einem Leuchtteller gebogenen Klauen eine Kerze.

Die Stufen stiegen sanft an; die wohlplazierten Treppenabsätze und Geländer ließen den Genius des alten Architekten und das atemberaubende Leben vergangener Jahrhunderte erahnen. Indem ich, in meinen ärmlichen schwarzen Frack gekleidet, über diese bewundernswerte Stiege schritt, wurde mir bewußt, daß ich in dem Ensemble fehl am Platz war und ein Recht in Anspruch nahm, das mir nicht zustand; die Treppe des Personals wäre für mich angemessener gewesen.

Gemälde, meist ohne Rahmen, Kopien von Meisterwerken der Italienischen und Spanischen Schule, schmückten die Mauern, und ganz oben, im Halbdunkel, zeichnete sich kaum wahrnehmbar ein riesiges Deckenfresko ab.

Ich erreichte die besagte Etage.

Man öffnete mir mit der üblichen Vorsicht, und ich fand mich in einer weitläufigen Halle wieder, die an ihrem Kopfende von einigen Lampen erleuchtet wurde. Hier einzutreten hieß, mit einem Schritt zwei Jahrhunderte in der Zeit zurückzugehen. Die Zeit, die so rasend vorüberzieht, schien dieses Haus nicht durchdrungen zu haben, und, wie bei einer Penduluhr, die man vergessen hatte aufzuziehen, wiesen ihre Zeiger noch immer das gleiche Datum.

Die Mauern, getäfelt von weiß bemalten Holzarbeiten, waren zur Hälfte bedeckt mit vergilbten Tüchern, die den Stempel ihrer Epoche trugen; auf dem gigantischen Kachelofen richtete sich eine Statue in die Höhe, von der man meinen konnte, daß sie aus einem Versailler Laubengang entwendet worden war. Unter der Decke, zu einer Kuppel abgerundet, krümmte sich eine Allegorie im Stile Lemoines, die vielleicht wirklich von ihm stammen mochte.

Ich näherte mich dem erleuchteten Raum des Saales, wo sich mehrere Gestalten um einen Tisch herum bewegten, und sobald das Licht auf mich traf und mich zu erkennen gab, durchdrang ein kräftiges Hurra die sonoren Tiefen des alten Gebäudes.

»Da ist er! Da ist er!« schrien mehrere Stimmen zur gleichen Zeit.

»Man gebe ihm seinen Teil!« Der Doktor stand vor einer Anrichte, auf der sich ein Tablett befand, das mit kleinen Untertassen aus japanischem Porzellan beladen war. Ein etwa daumengroßer Klumpen grünlichen Teiges oder Konfitüre wurde von ihm mit Hilfe eines Spatels aus einer Kristallvase entnommen und neben einen purpurroten Löffel auf jede Untertasse gelegt.

Das Gesicht des Doktors strahlte vor Begeisterung, seine Augen funkelten, seine Wangen waren gerötet, die Adern seiner Schläfen zeichneten sich deutlich ab, seine aufgeblähten Nasenflügel sogen die Luft kraftvoll ein.

»Dies wird Ihnen dereinst von Ihrem Anteil am Paradies abgezogen werden«, sagte er, als er mir die Dosis überreichte, die mir zustand.

Jeder hatte seine Portion gegessen und man servierte uns Kaffee nach arabischer Manier, das heißt mit dem Satz und ohne Zucker.

Dann begab man sich zu Tisch.

Diese Umkehrung der kulinarischen Gewohnheiten wird den Leser gewiß überrascht haben; und tatsächlich, ist es ja kaum üblich, den Kaffee vor der Suppe einzunehmen, und für gewöhnlich werden Konfitüren zum Dessert serviert. Deshalb verdient diese Angelegenheit sicherlich eine genaue Erklärung ...

MARCO POLO

Der Alte vom Berge und seine Assassinen

Einst wohnte in der Gegend von Muleet der Alte vom Berge. In sarazenischer Sprache bedeutet Muleet soviel wie »ketzerisch«. Ich will nun die Geschichte des Alten wiedergeben, wie man sie mir, Messer Marco, von verschiedener Seite zugetragen hat. In ihrer Sprache hieß der Alte Alaodin. Zwischen zwei Bergzügen hatte er sich in einem Tal einen herrlichen Garten geschaffen, der seinesgleichen suchte. In ihm gediehen Früchte aus aller Herren Länder aufs vortrefflichste. Auch ließ er prächtige Häuser und Paläste erbauen, wie man sie noch nie zuvor gesehen hatte. Sie waren reich vergoldet und prunkvoll verziert. Zudem ließ er verschiedene Röhren in den Garten legen, durch die Wein, Milch, Honig und Wasser flossen. Liebliche Jungfrauen spielten auf allen möglichen Instrumenten, sangen dazu mit wohlklingender Stimme und tanzten anmutig. Der Alte wollte die Sarazenen Glauben machen, sein Garten sei das Paradies. Deshalb hatte er alles so einrichten lassen, wie der Prophet Mohammed es einst seinen Anhängern verkündet hatte. Mohammeds Worten zufolge würden die Sarazenen im Paradies so viele schöne Frauen vorfinden wie sie begehrten. Sie fänden dort auch Ströme von Wein, Milch, Honig und Wasser vor. Allein aus diesem Grund ließ der Alte den paradiesähnlichen Garten anlegen. Und die Sarazenen jener Gegend glaubten wirklich, in ihm das Paradies zu sehen.

Allerdings hat kein anderer Mensch diesen Garten je betreten, außer denjenigen, die der Alte zu seinen Assassinen machen wollte. Es gab auch nur einen Eingang, der derart gut gesichert war, daß ihn kein Unbefugter hätte passieren können. An seinem Hofe hielt sich der Alte zwölf- bis zwanzigjährige Jünglinge aus der Umgebung, die ihrer Statur nach kräftige Soldaten zu werden versprachen. Sie waren allesamt in der Lehre Mohammeds unterrichtet und glaubten fest daran, daß das Paradies genauso aussehe, wie ich es eben geschildert habe. Was bleibt jetzt noch zu sagen? Wann immer der Alte vier oder zehn oder zwanzig neue Jünglinge in sein Paradies holen wollte, ließ er ihnen einen Trank verabreichen, der diese sogleich in einen tiefen Schlaf versetzte. Daruſhin wurden sie fortgetragen und in den Garten gebracht, wo er sie wieder aufwecken ließ.

Beim Erwachen erblickten die Jünglinge all das Schöne um sie herum und vermeinten tatsächlich, im Paradies zu sein. Junge Frauen erheiterten sie den ganzen Tag mit Musik und Gesang und erfüllten ihnen jeglichen Wunsch. Die Jünglinge hatten dort alles, was ihr Herz begehrte, und hätten diesen Ort nie aus freien Stücken verlassen. Wenn der Alte Hof hielt, tat er es in glänzendem und prachtvollem Gewande, so daß die einfache Bergbevölkerung beeindruckt war und glaubte, der Alte sei ein Prophet.

Plante der Alte nun einen Mord, ließ er einem oder mehreren der Jünglinge abermals den Schlaftrunk reichen. Sobald sie eingeschlafen waren, wurden sie in den Palast geschafft. Beim Erwachen waren sie äußerst verwundert und unglücklich, denn von sich aus hätten sie niemals das Paradies gegen das Schloß eingetauscht. Sie gingen also zum Alten und warfen sich vor ihm nieder, denn sie glaubten, er sei ein großer Prophet. Auf die Frage des Alten nach ihrer Herkunft antworteten sie, sie kämen aus dem Paradies, aus dem wahren Paradies, das Mohammed ihren Vorfahren verheißen habe, und sie beschrieben es in allen Einzelheiten. Diejenigen, die noch nie im Paradies gewesen waren und nun ihren Erzählungen lauschten, begehrten sehnlichst, auch dorthin zu gelangen, ja sie wünschten sich sogar den Tod, da sie den Tag kaum erwarten konnten, an dem sie ins Paradies einziehen dürften. Der Alte aber wählte aus seinen Assassinen die geeignetsten aus und befahl ihnen, den Fürsten zu ermorden. Die Jünglinge brachen daraufhin unverzüglich auf, erfüllten den Auftrag ihres Herrn und kehrten an den Hof zurück. Es gab allerdings auch solche, die nach dem Anschlag gefangen genommen und getötet wurden.

Nach ihrer Rückkehr erzählten die Assassinen stets ausführlich von ihren Taten, und der Alte veranstaltete aufwendige Feste für sie. Er wußte immer genau, wer der wagemutigste gewesen war, denn er hatte dem Trupp Späher nachgesandt, die ihm meldeten, wer der geschickteste und listigste Mörder war.

Wollte der Alte also einen Fürsten oder sonst jemanden töten lassen, beauftragte er seine Assassinen und versprach, daß ihnen nach dem Mord das Paradies gewiß sei. Falls sie dagegen selbst umkämen, dann seien sie um so schneller im Paradies. Alle führten die Befehle des Alten mit großer Begeisterung aus, er konnte von ihnen verlangen, was immer ihm gefiel. Unter diesen Umständen blieb niemand, dem der Alte vom Berge nach dem Leben trachtete, vom gewaltsamen Tode verschont. Und allein darum zahlten ihm etliche Könige und Barone Tribut und stellten sich aus Angst vor seinen Mordanschlägen gut mit ihm.

FITZ HUGH LUDLOW

Der Weg in die Nacht

Der Laden meines Freundes Anderson, des Apothekers, war für mich stets von einer eigentümlichen Faszination umgeben, was ihn schon früh zu meinem Lieblingsaufenthaltsort werden ließ. Die ganze Atmosphäre des Raumes, geschwängert mit den verschiedensten Düften der Dinge, die da heilen oder vor Krankheit schützen, verbreitete eine köstlich duftende Aufforderung zum wissenschaftlichen Sinnieren, wie sie bereitwilliger nicht hätte aufgenommen werden können, selbst wenn sie mit dem Wohlgeruch von Weihrauch geworben hätte. Schon allein die Salbentöpfe übten mit der Zeit einen immer größeren Zauber auf mich aus, wie sie da friedlich nebeneinander auf ihren eichenen Regalen standen, gleich einer Versammlung bescheidener Philanthropen, die in ihrem stummen Herzen eine ganze Fülle von Erneuerungsvorschlägen für die Menschheit trugen. Ein kleines Refugium am hinteren Ende des Ladens – durch einen roten Vorhang vor den entweihenden Blicken derer abgeschirmt, die der Heilkunst unkundig waren – beherbergte zwei Stühle für den Doktor und mich und eine Bibliothek, in der alle Meister der Heilkunst in Gestalt ihrer Stellvertreter aus Leder und Papier vereint waren und viel freundlicheren Umgang pflegten, als man es sonst bei einer Versammlung gleichgestimmter Geister unter anderen Voraussetzungen anzutreffen gewohnt war. Auf einem einzigen Quadratmeter brachten Pereira und Christison in konzentrierter Form all den Reichtum ihres Wissens und Forschens zusammen, während Dunglison und Brathwaite Seite an Seite daneben standen. Und dann gab es noch das Dispensarium, das einen Hauch von Geschäftstüchtigkeit und Büro ausstrahlte und in dem alle Einzelheiten der materia medica vereint worden waren zu einer wissenschaftlichen conversazione; da sie nun aber aneinander und an ihrer Gesellschaft solchen Gefallen gefunden, hatten sie sich entschlossen zu bleiben – mochten sie auch noch so dichtgedrängt beieinander stehen – und eine Sitzung ohne Ende abzuhalten. In einer unscheinbaren Nische, die wie ein Vorplatz von den Gemächern des der Heilkunst mächtigen Mannes abgetrennt war, befand sich ein flacher Behälter, der, wenn man den Deckel lüftete, den Blick auf eine Reihe sorgfältig geordneter Pinzetten, Sonden und Lanzetten freigab, welche meines Freundes Recht auf das Vertrauen einer vollblütigen Gesellschaft verbriefte; denn wenngleich ihm weitverbreiteter Ruhm versagt blieb, war er doch kein »*Cromwell, schuldlos an seines Vaterlandes Blut.*«

So manche Stunde habe ich hier gesessen, vertieft in die Angaben über die Geheimnisse des menschlichen Lebens und die Geschichte der Versuche seiner Erhaltung. Hier ließ ich mich fesseln von den Einzelheiten der Experimente in Chirurgie und Medizin, die mich ebenso intensiv erfüllten wie die verschiedensten Situationen und Krisen des Verliebtseins; hier vor allen Dingen war es auch, daß ich, ohne Rücksicht auf meine eigene Sicherheit – in einer Art und Weise, die einem Quintus Curtius zur Ehre gereicht hätte – die Wirkung all der unbekannten Drogen und chemischen Präparate, die überhaupt in einem Labor hergestellt werden können, am eigenen Leib ausprobierte. Jetzt saß ich da, hielt mir das Chloroformfläschchen unter die Nase und jagte auf den Schwingen eines erregenden und immer schneller ablaufenden Lebens dahin, bis mir gerade noch genug

Kraft verblieb, die Flüssigkeit an ihren Platz auf dem Regal zurückzustellen, um dann genießerisch in jene köstliche Apathie zurückzusinken, die mich noch wenige flüchtige Augenblicke lang umfing. Dann wiederum war es Äther anstelle des Chloroforms – die Unterschiede in ihrer Wirkungsweise wurden genauestens notiert – oder sonst ein Anregungs- oder Betäubungsmittel, ein Opiat oder Stimulans, das zum Gegenstand meiner Experimente wurde, bis ich wie bei einem Spießrutenlaufen die ganze Reihe seltsamer Wirkstoffe durchprobiert hatte, an die ich nur irgendwie gelangen konnte.

All diesen Versuchen lag als vordringlichstes Ziel nicht der Genuß, sondern die Erforschung der Wirkstoffe zugrunde, so daß ich im Verlauf meiner unbesonnenen Untersuchungen nie das Opfer irgendeiner Sucht wurde. Da nun der Kreis vollendet war, und ich alle mir nur möglichen Versuche gemacht hatte, ließ ich das Experimentieren sein und legte die Hände in den Schoß gleich einem Alexander der Arzneikunde, für den es keine Drogenwelten mehr zu erobern gab.

Eines Morgens, es war im Frühling, erschien ich zu meinem gewohnten Plauderstündchen beim Doktor.

»Hast du schon« wollte er wissen, »meine neuesten Errungenschaften gesehen?«

Ich blickte in der angedeuteten Richtung hinüber zu den Regalen und sah eine Reihe hübscher Kartonzylinder, in denen sich Phiolen mit den verschiedensten Extrakten befanden, hergestellt von Tilden und Co. Sie waren seit meinem letzten Besuch neu dazugekommen. Fein säuberlich der Größe nach aufgestellt, standen sie da vor mir, eine kleine Mannschaft heilkräftiger Scharfschützen, wie sie sich dem Auge eines Liebhabers nicht schöner hätte darbieten können. Ich trat entschlossen näher an die Regale heran, um sie sogleich eingehend zu betrachten. Ein kurzer Blick zeigte mir, daß es sich größtenteils um alte Bekannte handelte. »Conium (Schierling), Taraxacum (Löwenzahn), Rhabarber – und? Was ist das? *Cannabis Indica?*« »Das«, erwiderte der Doktor und blickte mit väterlicher Liebe auf seinen neuen Schatz, »das ist ein Präparat aus ostindischem Hanf, ein hochwirksames Mittel bei Kiefersperre.«

Diese Worte stachelten mich dazu an, das kleine Fläschchen herunterzuholen, und, nachdem ich die grüne Umhüllung entfernt hatte, machte ich mich daran, nähere Bekanntschaft mit dem Inhalt zu schließen. Der breite, flache Korken war in Windeseile entfernt, und es bot sich mir der Anblick eines olivbraunen Extraktes von pechiger Konsistenz, von dem ein ausgesprochen aromatischer Duft ausging. Mit der Spitze meines Taschenmessers nahm ich ein Quentchen und wollte es mir gerade auf die Zunge legen, als der Doktor ausrief: »Halt ein! Willst du deinem Leben ein Ende setzen? Dieses Zeug ist ein todbringendes Gift.« »Wahrhaftig!«, erwiderte ich, »ich könnte nicht behaupten, daß ich in dieser Richtung eine bestimmte Absicht verfolge«; und mit diesen Worten korkte ich das Fläschchen wieder zu und beförderte den Extrakt mit allem, was dazugehörte, zurück ins Regal.

Die verbleibende Zeit meines morgendlichen Besuches im Heiligtum verbrachte ich damit, im Dispensarium über *Cannabis Indica,* nachzulesen. Die Summe all meiner Entdeckungen sowie eine Menge zusätzlicher Informationen fand ich in dem großartigen, leichtfaßlichen Werk *Johnston's Chemistry of Common Life* wieder. Da es allerorten erhältlich ist, will ich nur insoweit auf das Ergebnis meiner Nachforschungen an jenem Morgen eingehen, als ich im folgenden die drei Schlußfolgerungen erwähnen möchte, zu denen ich gelangte.

Zum ersten hatte der Doktor sowohl recht als auch unrecht; recht insofern, als eine genügend große Dosis der Droge – vorausgesetzt sie bleibt im Magen – den Tod herbeiführen würde, so wie jedes andere Rauschmittel auch, und ein regelmäßiger Genuß sich letzten Endes stets als höchst schädlich für Geist und Körper erwiesen hatte; unrecht hatte er insofern, als geringe Mengen niemals den sofortigen Tod zur Folge hatten, und Millionen Menschen zu dieser opiumähnlichen Droge griffen und sie tagtäglich genossen. Zweitens handelte es sich um das Haschisch, auf das sich die Orientreisenden bezogen hatten und das Gegenstand eines der anschaulichsten Kapitel aus der Feder Bayard Taylors war, ein Kapitel, das Monate zuvor meine Neugierde und Bewunderung erregt hatte. Drittens hatte ich die Absicht, der Liste meiner früheren Experimente ein weiteres hinzuzufügen. Um diesen Entschluß in die Tat umsetzen zu können, wartete ich, bis mein Freund sich entfernt hatte, damit ihn mein seiner Meinung nach selbstmörderisches Unterfangen nicht erschrecken möge, dann entkorkte ich mein kleines Fläschchen von neuem und entnahm dem aufreizenden Gefäß eine Dosis, die einem 10 Gran-Gewicht (1 Gran = 0,063 Gramm) die Waage zu halten vermochte. Ich verließ mich auf die Behauptungen von Pereira und dem Dispensatium und schluckte diese Menge ohne die geringste Angst vor der gefährlichen Wirkung.

Wenn ich der Tatsache gebührend Rechnung trug, daß ich mein Haschisch nicht auf nüchternen Magen zu mir genommen hatte, dann sollte sich seine Wirkung innerhalb der nächsten vier Stunden zeigen. Die Zeit verstrich, ohne daß ich auch nur die geringste Wirkung verspürte. Ohne Zweifel war meine Dosis zu gering gewesen.

Um nur ja die größte Vorsicht walten zu lassen, ließ ich einige

Tage verstreichen, ohne das Experiment zu wiederholen, dann nahm ich, ebenso heimlich wie zuvor, eine Dosis von fünfzehn Gran. Wie schon beim ersten Mal zeigte sich auch diesmal keinerlei Wirkung.

Nun erhöhte ich die Dosis ganz allmählich um jeweils fünf Gran bis auf dreißig Gran, die ich eines Abends kurz nach dem Mahle zu mir nahm. Ich war nun schon beinahe sicher, daß ich auf Haschisch überhaupt nicht ansprach. Ohne im geringsten damit zu rechnen, daß diesem letzten Versuch mehr Erfolg beschieden sein könnte als den vorangegangenen, ja ohne überhaupt zu begreifen, wie sich die Wirkung der Droge bei jenen zeigte, deren Experiment von Erfolg gekrönt war, brach ich auf, um den Abend im Hause eines lieben Freundes zu verbringen. Bei Musik und Unterhaltung verbrachte ich gemütliche Stunden. Die Uhr schlug zehn und rief mir in Erinnerung, daß seit der Einnahme der Dosis drei Stunden verstrichen waren, und noch immer zeigte sich nichts Ungewöhnliches. Ich war versucht anzunehmen, daß dieses Experiment ebenso ergebnislos verlaufen würde wie die vorangegangenen.

Aber – was bedeutete dieses plötzliche Erschauern? Ein Schlag, gleichsam von einer unsichtbaren Kraft ausgehend, durchzuckte ohne jede Vorwarnung meinen ganzen Körper, raste bis in die Fingerspitzen, bohrte sich in mein Gehirn und erschreckte mich so sehr, daß ich fast vom Stuhl aufsprang.

Kein Zweifel. Das Haschisch übte seine Wirkung aus, und ich befand mich in seiner Gewalt. Nacktes Entsetzen überschwemmte mich – da kam etwas auf mich zu, womit ich nicht gerechnet hatte. In diesem Augenblick hätte ich alles darum gegeben – alles, was ich hatte oder hoffte zu haben –, wenn ich mich nur wieder in demselben Zustand befunden hätte wie drei Stunden zuvor.

Ich empfand keinerlei Schmerz – nicht die kleinste Faser tat mir weh –, und doch senkte sich eine Wolke undefinierbarer Fremdheit auf mich herab, umhüllte mich wie eine undurchdringliche Wand und schnitt mich von allem ab, das mir lieb und vertraut gewesen war. Liebe Gesichter umgaben mich, seit langem wohlvertraut, und doch hatten sie keinen Zugang zu dieser Welt, die ich allein betreten hatte. Ein phantastisches Leben hatte sich mir aufgetan, an dem sie nicht teilhaben konnten. Wenn Seelen je zurückkehren und über dem häuslichen Herd schweben, an dem auch für sie einst ein Platz gewesen, dann blicken sie gewiß auf ihre Freunde wie ich damals auf die meinen blickte. Und waren mir ihre Körper zwar ganz nahe, so waren ihre Seelen doch unendlich weit entfernt, und dies war eine Konstellation, die meinen Bedürfnissen in dieser Stunde der Wahrheit ganz und gar nicht entgegenkam. Ich erlebte eine Einsamkeit, wie sie trotz der scheinbaren Geselligkeit nicht größer hätte sein können.

Trotz allem sprach ich; man richtete eine Frage an mich, und ich gab Antwort; ich lachte sogar über eine witzige Bemerkung. Doch es war nicht meine Stimme, die da sprach; möglich, daß es vor langer Zeit an einem fremden Ort einmal meine Stimme gewesen war. Eine Zeitlang bemerkte ich nichts von dem, was um mich herum vorging, dann kehrte langsam und verschwommen die Erinnerung an die letzte Bemerkung, die gefallen war, zurück, wie Traumfetzen, die nach vielen Tagen wieder auftauchen und über die wir uns den Kopf zerbrechen, wo wir ihnen schon begegnet sein könnten.

Den ganzen Abend über hatte der Wind im Kamin gesäuselt; das Säuseln wurde lauter und klang wie das beständige Dröhnen eines riesigen Rades, das sich immer schneller drehte. Eine Zeitlang schien dieses Dröhnen von überall her widerzuhallen. Ich war überwältigt davon – ich ging darin auf. Allmählich kam das Rad zum Stillstand, das eintönige Dröhnen wich dem pulsierenden Brausen einer großen Kirchenorgel. Das An- und Abschwellen dieses unsäglich feierlichen Klanges erfüllte mich mit einer Trauer, die das menschliche Maß bei weitem überschritt. Ich schwang in diesem klagenden Rhythmus mit, wie eine Seele mit der anderen mitschwingt. Und dann, ganz überzeugt davon, daß alles, was ich hörte und empfand, auch wirklich war, warf ich aus meiner Einsamkeit einen Blick nach draußen, um die Wirkung der Musik auf meine Freunde zu ergründen. Und wirklich – wir lebten in völlig verschiedenen Welten. Auf keinem der Gesichter fand sich auch nur die Spur von Verständnis.

Es mag sein, daß ich mich etwas seltsam benahm. Plötzlich hielt ein Paar emsiger Hände inne, das den ganzen Abend über flink und geschäftig mit einer kleinen Sticknadel auf einem Geviert aus rosa und blauer Seide hin- und hergeeilt war, und seine Besitzerin blickte mich unverwandt an. Oh weh! Ich war entlarvt – ich hatte mich verraten. Voller Entsetzen wartete ich, jeden Moment konnte das Wort »Haschisch« fallen. Nein, die Dame richtete nur eine Frage an mich, die in Zusammenhang mit der vorangegangenen Unterhaltung stand. Mechanisch wie ein Automat begann ich zu antworten. Wieder vernahm ich den fremden und unwirklichen Klang meiner Stimme, der mich zur Überzeugung brachte, daß ein anderer sprach, aus einer anderen Welt. Ich saß da und lauschte; die Stimme fuhr fort zu sprechen. Zum ersten Mal erlebte ich, wie sehr Haschisch alles Zeitmaß veränderte. Das erste Wort meiner Erwiderung beanspruchte so viel Zeit wie sie für den Ablauf eines ganzen Schauspiels ausgereicht hätte; beim letzten Wort wußte ich überhaupt nicht mehr, wann in der Vergangenheit ich den Satz begonnen hatte.

Er mochte Jahre in Anspruch genommen haben. Ich befand mich in einem anderen Leben als jenem, das ich lebte, als ich dem Anfang des Satzes lauschte.

Die Zeit dehnte sich aus, der Raum weitete sich. Im Haus meines Freundes stand ein bestimmter Fauteuil stets für mich bereit. Ich saß darin, kaum einen Meter von dem großen Tisch entfernt, um den sich die ganze Familie scharte. Der Abstand wurde rasch größer. Die ganze Atmosphäre schien sich auszudehnen und verlor sich in der Unendlichkeit der Räume, die mich umgaben. Wir befanden uns in einem riesigen Saal, am einen Ende saßen meine Freunde und am anderen ich. Decke und Wände strebten in einer gleitenden Bewegung in die Höhe, gleichsam beseelt von einem Drang zu unaufhaltsamem Wachstum.

Oh nein! Ich konnte es nicht ertragen. Bald würde ich in der Unendlichkeit des Raumes ganz allein sein. Und mit jedem Augenblick wuchs in mir die Überzeugung, daß ich beobachtet wurde. Damals wußte ich noch nicht, daß dieses Mißtrauen allen irdischen Dingen und auch den Menschen gegenüber kennzeichnend ist für den Haschischrausch. Das habe ich erst später gelernt.

Im Verlauf meiner verwickelten Visionen bemerkte ich, daß ich ein Doppelleben führte. Ein Teil von mir wirbelte widerstandslos auf der Bahn dieser ungeheuerlichen Erfahrung entlang, der andere Teil blickte von oben herab auf sein Ebenbild, beobachtete, überlegte und wägte heiter und gelassen alles ab, was sich vor ihm abspielte. Dieses ruhigere Selbst litt mit dem anderen mit aus Sympathie, doch niemals verlor es seine Selbstbeherrschung. In diesem Augenblick mahnte es mich zur Heimkehr, weil sonst die stetig stärker werdende Wirkung des

Haschisch mich dazu verleiten könnte, etwas zu tun, das meine Freunde vielleicht erschrecken würde. Die Logik dieser Bemerkung leuchtete mir ein – mir war, als stamme sie von jemand anderem –, und ich stand auf, um mich zu verabschieden. Ich ging auf den großen Tisch zu. Mit jedem Schritt wurde die Entfernung größer. Ich nahm all meinen Mut zusammen, wie für eine lange Fußwanderung. Immer noch wichen die Lichter, die Gesichter, sogar die Möbel, vor mir zurück. Endlich, fast wie in Trance, erreichte ich sie. Es wäre müßig, eine Vorstellung davon vermitteln zu wollen, wie lange mein Abschied dauerte, ja der Versuch wäre nicht nur müßig, sondern gänzlich unmöglich, wenn jemand noch nie eine ähnliche Erfahrung gemacht hat. Endlich stand ich auf der Straße.

Unendliche Weiten breiteten sich vor mir aus. Ein Ausblick ohne Fluchtpunkt bot sich mir, die nächste Straßenlampe schien meilenweit von mir entfernt zu sein. Ich war dazu verdammt, erbarmungslose Weiten zu durchwandern. Eine Seele, eben der Knechtschaft des Körpers entflohen, unterwegs zu dem letzten sichtbaren Gestirn und darüber hinaus, hätte von diesem ganz neuen, erhabenen Gefühl der Entfernung nicht mehr überwältigt sein können als ich in diesem Augenblick. Bewegt von einem heiligen Ernst begann ich meine Reise ohne Ende.

Nach wenigen Augenblicken schon vergaß ich alles um mich herum. Ich lebte in einer wundersamen inneren Welt. Ich befand mich einmal hier, einmal dort, und sogar die Daseinsformen wechselten. Mit meiner Gondel glitt ich über die mondhellen Lagunen Venedigs. Berggipfel an Berggipfel türmte sich auf vor meinen Augen, und die höchsten, mit Eis bedeckten Zinnen blitzten purpurn im Glanz der Morgensonne. In der urweltlichen Stille eines unberührten tropischen Waldes breitete ich, ein riesiger Farn, meine gefiederten Blätter aus und schwankte und wippte im von würzigen Düften schweren Wind hoch über einem Fluß, dessen Wellen Wogen von Musik und Wohlgerüchen verströmten. Meine Seele fand sich als Pflanze wieder, die in einer seltsamen, nie erträumten Ekstase erschauerte. Nicht einmal Harun al Raschids Palast hätte mich dazu bewegen können, ins Reich der Menschen zurückzukehren.

Ich will auf all die Verwandlungen während dieses Spazierganges nicht näher eingehen. Hin und wieder tauchte ich aus meinen Träumen empor in die Wirklichkeit, wenn ein altvertrautes Haus sich mir förmlich in den Weg stellte und mich aufschreckte. Der ganze Heimweg war eine einzige Folge von Erwachen und dem Zurückgleiten in eine Geistesabwesenheit und Verzückung, bis ich in die Straße einbog, in der ich wohnte.

Hier zeigte sich eine neue Erscheinung. Ich war eben wohl zum zwanzigsten Male aus meiner Versunkenheit aufgeschreckt und blickte mit weitgeöffneten Augen umher. Ich erkannte alles um mich herum und begann zu überlegen, wie weit es nach Hause sei. Plötzlich trat aus der kahlen Wand neben mir eine vermummte Gestalt und stellte sich mir in den Weg. Schneeweißes Haar hing dem Mann in filzigen Locken bis auf die Schultern, auf seiner Achsel trug er eine schwere Last, wie der mit Sünden prall gefüllte Sack, den Bunyan seinem Pilger auf den Rücken gelegt hat. Da mir seine Art mißfiel, trat ich einen Schritt zur Seite und wollte an ihm vorbei meinen Weg fortsetzen. Dank diesem Wechsel meiner Position fiel das Licht einer nahen Straßenlampe nun voll auf sein Antlitz, das bis dahin gänzlich im Dunkel verborgen gewesen war. Oh unaussprechliches Entsetzen. Niemals, nicht bis ans Ende meiner Tage, werde ich dieses Gesicht je vergessen. Jeder Zug seines Gesichtes war Ausdruck eines Lebens voll der verabscheuungswürdigsten Verbrechen; abgrundtiefe Bosheit blickte mir entgegen und eine starre Verzweiflung, wie sie nur jemanden überkommen kann, für den der Tag der Sühne nahe ist für eine Tat, die keine Sühne kennt. Die ideale Verkörperung von Shelleys Cenci, hätte er einem Dämonenmaler Modell sitzen können. Nur ihn anzuschauen, gab mir das Gefühl gotteslästerlich zu werden und in panischer Angst begann ich davonzulaufen. Mit knochiger Hand hielt er mich zurück – es war, als ob Krallen sich in mein Handgelenk bohrten – nahm langsam die Last von seinen Schultern und legte sie auf meine Achseln. Ich schüttelte sie ab und stieß ihn weg. Schweigend kam er zurück und legte mir die Last von neuem auf den Rücken. Wieder stieß ich ihn von mir und schrie auf:»Mann, was willst du?« In seiner Stimme lag dieselbe Bösartigkeit wie zuvor in seinem Antlitz, als er erwiderte:»Du sollst meine Last mit mir tragen«, und sie mir zum dritten Male aufbürdete. Zum letzten Mal schleuderte ich sie beiseite und stieß ihn mit aller Kraft von mir. Er taumelte und stürzte; noch ehe er wieder auf den Beinen war, hatte ich mich schon ein ganzes Stück von ihm entfernt.

Die Aufregungen des Kampfes mit der Erscheinung hatten die Wirkung des Haschisch gewaltig gesteigert. Ich barst schier vor nicht zu bändigender Vitalität; die Kraft eines Riesen lag in meinem Schritt. Heißer und schneller ging mein Atem; ich schien zu keuchen wie eine riesige Maschine. Elektrische Energie wirbelte mich voran, ohne daß ich Widerstand zu leisten vermochte; ich hatte Angst, daß sie die Hülle meines Körpers sprengen und davonschießen würde und nichts zurückließ als ein zerstörtes Skelett.

Endlich war ich zu Hause. Während meiner Abwesenheit war ein Verwandter aus Übersee eingetroffen und wartete nun darauf, daß ich ihn begrüßte. Die Ungezwungenheit in den vertrauten Gesichtern daheim und der grelle Schein eines Leuchters, der seine Strahlen in den Raum ergoß, ließen mich ein wenig aufwachen und mir wurde klar, daß ich auf der Hut sein mußte, um meinen Zustand nicht zu verraten; mit ungeheurer Anstrengung unterdrückte ich alle meine Empfindungen, ging auf meinen Freund zu und sagte, was bei solchen Gelegenheiten üblich ist. Da aber meine Auseinandersetzung mit dem Übernatürlichen erst so kurze Zeit zurücklag, blickte ich verstohlen in die Runde, um aus den Gesichtern der anderen abzulesen, ob ich nicht vielleicht doch einem Phantom die Hände schüttelte und mich nach dem Befinden einer imaginären Familie erkundigte. Nachdem ich keinerlei Anzeichen von Erstaunen feststellte, fühlte ich mich sicherer, führte die Begrüßung zu Ende und nahm Platz.

Nicht lange und ich mußte alle Kraft zusammennehmen, um das Geheimnis zu bewahren, das ich auf keinen Fall preisgeben wollte. Meine Sinneseindrücke wurden allmählich überwältigend – es war nicht Schmerz, den ich fühlte, sondern ein ungeheuerliches Geheimnis, das mich umgab und mich erfüllte. Ich konnte in mich hineinsehen und dank dieser entsetzlichen Fähigkeit alle Lebensvorgänge, die im Normalzustand unbewußt ablaufen, sehr lebhaft und deutlich wahrnehmen. Durch das dünnste Häutchen und die kleinste Vene konnte ich den Fluß des Blutes in jedem Augenblick seines Fortströmens verfolgen. Ich wußte, wann sich welche Klappe öffnete und wieder schloß; jeder meiner Sinne war abnorm wach und gespannt; der Raum war erfüllt von einer großen Herrlichkeit. Der Schlag meines Herzens war so deutlich zu vernehmen, daß ich überrascht war, daß jene, die mir zur Seite saßen, nichts davon bemerkten. Oho, und nun wurde mein Herz zu einem großen Springbrunnen, dessen Fontäne mit gewaltigem Rauschen in die Höhe schoß, gegen meine Schädeldecke schlug wie gegen eine riesige Kuppel und dann mit dröhnendem Getöse wieder in sich zusammenfiel. In immer rascherer Folge lösten Emporschießen und Zusammenstürzen einander ab, bis ich nichts mehr zu unterscheiden vermochte und der Strom zu einer ständig sich ergießenden Flut anschwoll, deren Gebrüll in allen Teilen meines Körpers widerhallte. Ich gab mich verloren, denn mein Urteilsvermögen, das immer noch unversehrt über meinen pervertierten Sinnen stand, sagte mir, daß es in wenigen Augenblicken zu einer Stauung kommen müßte und dem Geschehen mit meinem Tod ein Ende gesetzt würde. Doch mein Lebenswille ließ es nicht zu, daß ich die Hoffnung fahren ließ. Ein Gedanke durchzuckte mich: konnte es nicht sein, daß dieser rasche Pulsschlag im Grunde nur Einbildung war? Ich beschloß, der Sache nachzugehen.

Ich begab mich auf mein Zimmer, zog die Uhr heraus und legte die Hand aufs Herz. Eben jene Anstrengung, die ich unternahm, um die Wirklichkeit zu erfassen, brachte es mit sich, daß sich meine Wahrnehmung allmählich normalisierte. Während ich mich aufmerksam beobachtete, wurde mir langsam klar, daß mein Puls nicht so rasch schlug, wie ich angenommen hatte. Aus einem steten Dahinfließen wurde nach und nach eine rasche Abfolge heftiger Schläge, dann verlangsamte sich der Puls, verlor an Heftigkeit, bis mir schließlich der Sekundenzeiger sagte, daß der Puls im Durchschnitt neunzig Schläge pro Minute betrug. Unendlich beruhigt ließ ich von der Untersuchung ab. Fast umgehend begann ich erneut zu halluzinieren. Wieder erfaßte mich die Furcht vor einem Schlaganfall, vor Blutungen, einer Vielzahl namenloser Tode; ich sah mich, wie man mich am Morgen fand, steif und kalt, und wie jene, die mich fanden, doppelt bekümmert waren, ob des Geheimnisses, das mein Ende umgab. Ich redete mir gut zu. Ich benetzte meine Stirn mit Wasser – doch all das half nichts. Es gab nur noch eine Möglichkeit: ich mußte zu einem Arzt gehen.

Mit diesem Entschluß verließ ich meinen Raum und ging bis zum Treppenabsatz. Die ganze Familie hatte sich zur Ruhe begeben, und der Gasbrenner unten in der Diele war abgedreht. Ich blickte die Treppe hinunter: sie verlor sich in unendlichen Tiefen; es würde Jahre dauern, bis ich ihr unteres Ende erreichen würde. Das fahle Himmelslicht fiel durch die schmalen Scheiben links und rechts der Eingangstüre und verströmte ein dämonisches Licht mitten in der Dunkelheit des Abgrundes. Niemals würde ich es dort hinunter schaffen! Verzweifelt ließ ich mich auf der obersten Stufe nieder.

Plötzlich kam mir ein großartiger Gedanke. Sollte die Entfernung unendlich sein, dann war ich unsterblich. Das mußte versucht werden. Ich begann den Abstieg, müde, so müde, begann eine Jahre währende meilenweite Reise. Meine Eindrücke von dieser Reise wiederzugeben, wäre lediglich eine Wiederholung dessen, was ich über die Zeit unter Haschischeinfluß gesagt habe. Ab und zu hielt ich inne, um zu rasten, einem Reisenden gleich, der beim Gasthof am Wege einkehrt, dann wieder mühte ich mich abwärts durch die dunkle Einsamkeit, bis ich endlich ans Ziel kam und auf die Straße hinaustrat.

*

Beim Haus des Doktors angelangt zog ich an der Glocke, vergaß jedoch augenblicklich wieder, wen ich verlangen wollte. Kein Wunder, denn ich stand auf der Treppe eines Palastes in Mailand – nein (und ich mußte über meinen Irrtum lachen) vor dem Aufgang zum Londoner Tower. Also würde mich meine Unkenntnis der italienischen Sprache nicht weiter aus der Fassung bringen. Doch wen sollte ich verlangen? Diese Frage brachte mir wieder zu Bewußtsein, wo ich mich wirklich befand, doch brachte sie mich der gesuchten Antwort in keinster Weise näher. Wen sollte ich verlangen? Ich begann die verzwicktesten Hypothesen aufzustellen wie Fallen, um die Lösung meines Problems darin einzufangen. Ich betrachtete die umliegenden Häuser; wußte ich, wer nebenan wohnte? Damit kam ich auch nicht weiter. Wessen Tochter hatte ich erst tags zuvor aus eben diesem Haus zur Schule gehen sehen? Sie hieß Julia – Julia – und ich ging alle Kombinationen durch, die es mit diesem Namen gab, von Julia Domna bis Giulia Grisi. Ah! Nun wußte ich ihn – Julia H.; und natürlich trug ihr Vater denselben Namen. Während dieser geistigen Wühlarbeit hatte ich die Glocke ein halbes Dutzend Mal gezogen und dabei das Gefühl gehabt, daß man mich eine halbe Ewigkeit warten ließ. Als das Dienstmädchen die Haustüre öffnete, keuchte sie, als ob sie um ihr Leben gerannt wäre. Ich wurde hinauf zu Dr. H.'s Zimmer geleitet, wo er sich nach einer langwierigen Operation zur Ruhe gelegt hatte. Ich versperrte die Tür mit einer zur Wahrung meines Geheimnisses entschlossenen Haltung, die in ihm den unangenehmen Gedanken aufkeimen lassen mußte, ich hätte es auf sein Leben abgesehen, und ging auf seine Lagerstatt zu.

»Ich möchte Ihnen etwas verraten« begann ich, »etwas, das um nichts in der Welt jemand anders zu Ohren kommen darf. Schwören Sie mir, daß Sie ewig schweigen werden?«

»Ich schwöre; worum geht es denn?«

»Ich habe Haschisch genommen – *Cannabis Indica*, und ich habe Angst, daß ich sterbe.«

»Wieviel haben Sie denn genommen?«

»Dreißig Gran.«

»Lassen Sie mich mal Ihren Puls fühlen.« Er legte seinen Finger auf mein Handgelenk und zählte langsam, während ich dastand und darauf wartete, mein Todesurteil zu vernehmen. »Sehr gleichmäßig«, erklärte der Doktor nach kurzer Zeit, »nur eine Spur erhöht. Haben Sie Schmerzen?« »Überhaupt keine.« »Es ist alles in Ordnung mit Ihnen; gehen Sie nach Hause und legen Sie sich schlafen.« »Aber, besteht nicht – besteht nicht – die – Gefahr, daß ich – einen – Schlaganfall – erleide?« »Pah!« sagte der Doktor; und nachdem er seine Meinung zu meinem Fall so recht à la Abernethy (engl. Chirurg, gest. 1831, der Krankheiten mittels Diät behandelte. A. d. Ü.) kundgetan hatte, legte er sich wieder nieder. Meine Hand lag am Türknauf, als er mich zurückrief: »Warten Sie noch einen Augenblick, ich werde Ihnen ein Pulver mitgeben, und wenn die Angst Sie auf dem Heimweg von neuem überfällt, dann können Sie es als Beruhigungsmittel nehmen.«

Ich tat, wie mir geheißen, und gleich einem Donnergrollen schien meine Stimme aus allen Ecken und Winkeln des Hauses widerzuhallen. Entsetzen packte mich ob des Lärms, den ich verursacht hatte. Im Laufe der Zeit erfuhr ich, daß dies nur eines der vielen Phänomene ist, die auf die durch das Haschisch hervorgerufene, gesteigerte Empfindlichkeit der Sinnesorgane zurückzuführen sind. Einmal, da ich einen Freund gebeten hatte, mir Einhalt zu gebieten, sollte ich im Zustand des Entrücktseins in einem Kreis von Personen, die ich von meinem Zustand nichts ahnen lassen wollte, laut oder unflätig schwatzen, ertappte ich mich dabei, wie ich vor Verzückung schrie und sang und ihm dann vorwarf, er habe mir seinen Freundschaftsdienst versagt. Ich wollte ihm nicht glauben, als er mir versicherte, ich hätte kein vernehmbares Wort von mir gegeben. Die Intensität der Gemütsbewegung hatte das äußere Ohr auf dem Weg über das innere Ohr erreicht.

Ich ging ins Zimmer des Doktors zurück und stellte mich ans Fußende seines Bettes. Es herrschte absolute Stille im Raum, und die Dunkelheit wäre undurchdringlich gewesen, wenn ich nicht ein kleines Lämpchen in der Hand gehalten hätte, das Licht spenden sollte bei der Zubereitung des Pulvers, sobald es gebracht wurde. Doch nun umfing mich nach und nach ein noch größeres Mysterium. Ich befand mich in einer abgelegenen Kammer im obersten Teil eines riesigen Gebäudes, und das ganze Bauwerk unter mir wuchs unaufhörlich in die Höhe. Höher als die höchste Zinne von Bels Babylonischem Turm – höher als der Ararat – weiter, immer weiter hinauf in den einsamen Dom von Gottes unendlichem Universum türmten wir uns unablässig in die Höhe. Die Jahre flogen vorbei: ich hörte das rhythmische Rauschen ihrer Schwingen in der abgrundtiefen Dunkelheit rings um mich, Zyklus um Zyklus, Leben um Leben drehte ich mich weiter, ein Stäubchen in Raum und Ewigkeit. Plötzlich kehrte ich aus dem Weltenkreis meiner Wanderungen zurück, stand wieder am Fußende des Bettes, und ein Schauder des Erstaunens durchlief mich, als ich merkte, daß die unermeßliche Zeitspanne, die verstrichen war, uns beide unverändert gelassen hatte. Das Dienstmädchen war noch nicht aufgetaucht.

»Soll ich sie noch einmal rufen?« »Warum, Sie haben sie ja eben erst gerufen.« »Doktor«, gab ich feierlich zur Antwort, und mein Ton mußte jemandem, dem nicht bewußt war, was ich fühlte, mehr als bombastisch erscheinen, »ich will nicht annehmen, daß Ihr mich täuscht, aber mir ist, als sei seither genügend Zeit verstrichen, um alle Pyramiden wieder zu Staub zerfallen zu lassen.« »Ha! ha! Sie sind sehr amüsant heute abend«, meinte der Doktor, »doch da kommt sie schon und sie soll etwas bringen, das Ihnen in dieser Situation hilft und Ihnen das Vertrauen in die Pyramiden wiedergibt.« Er gab dem Mädchen seine Anweisungen, und sie ging wieder aus dem Zimmer.

Da kam mir der Gedanke, meine Zeitrechnung mit der anderer Leute zu vergleichen. Ich blickte auf meine Uhr, sah, daß der Minutenzeiger auf viertel nach elf stand, steckte sie wieder in meine Hosentasche und überließ mich erneut meinen Träumereien.

Sogleich sah ich mich als Zwerg, von einem gräßlichen Zauberer gefangengehalten – ich wies dem Doktor diese Rolle zu – in den Domdanielischen Höhen (erdichtete unterseeische Höhle aus arabischen Märchen, A. d. Ü.) »auf dem Grund des Meeres«. Hier war ich dazu verdammt, bis zur Auflösung aller Dinge die Lampe zu halten, die diese unergründliche Finsternis erhellte, während mein Herz, gleich einer riesigen Uhr, feierlich die verbleibenden Jahre der Zeit schlug. Während dieses Bild verschwand, hörte ich in der Einsamkeit der Nacht draußen das Geräusch einer wunderbar bewegten See. In einem unaufhaltsamen Rhythmus wälzten sich die Wogen heran, bis sie gegen die Grundmauern des Hauses schlugen; mit solcher Wucht klatschten sie gegen das Haus, daß auch der oberste Stein noch erzitterte, mit Zischen und hohlem Gemurmel verliefen sie sich dann auf dem gewaltigen Busen, dem sie entstiegen waren. Auf der Straße marschierte nun mit wohlgemessenem Schritt ein Heer unter Waffen. Nur das laute Poltern ihrer Schritte und das Klirren der ehernen Rüstung unterbrach die Stille, ansonsten gab es kein Gespräch, keine Musik, sie zogen dahin wie ein Bataillon Toter. Es war die Armee der vergangenen Jahrtausende, die da an mir vorbei in die Ewigkeit marschierte. Eine gottähnliche Herrlichkeit verzehrte meine Seele. Ich war versunken in einen bodenlosen Abgrund der Zeit, aber Gott war meine Stütze, und ich war während aller Veränderungen unsterblich.

Nun, in einem anderen Leben, kam es mir wieder in den Sinn, daß ich vor langer, langer Zeit auf die Uhr geschaut hatte, um die Spanne zu messen, die ich durchlief. Es drängte mich, erneut einen Blick darauf zu werfen. Der Minutenzeiger stand genau zwischen der fünfzehnten und der sechzehnten Minute nach elf. Die Uhr mußte stehengeblieben sein; ich hielt sie an mein Ohr; nein, sie lief noch. Ich hatte diese unendlich lange Kette von Träumen in dreißig Sekunden durchwandert. »Mein Gott!« rief ich aus, »ich befinde mich in der Ewigkeit.« Angesichts dieser ersten wundervollen Offenbarung über das unendliche Zeitmaß der Seele und ihrer eingeborenen Fähigkeit zu ewigem Leben stand ich da, zitternd und voll atemlosen Staunens. Bis zu meinem Ende wird dieser Augenblick der Enthüllung sich klar vor meinem ganzen übrigen Dasein abheben. Ich behalte die Erinnerung daran immer noch klar und rein als einen der unaussprechlich geheiligten Augenblicke in meinem Leben. All die kommenden Jahre meines irdischen Daseins werden niemals so lange dauern wie jene dreißig Sekunden.

Endlich kehrte das Dienstmädchen zurück. Ich nahm das Pulver in Empfang und ging nach Hause. Eines der Fenster im oberen Stock war hell erleuchtet, was mich mit unsäglicher Freude erfüllte, denn damit wurde ich von einer Angst befreit, derer ich fast nicht Herr werden konnte – daß nämlich während meiner Abwesenheit alle vertrauten Dinge vom Erdboden verschwunden seien. Kaum hatte ich die Geborgenheit meines Zimmers erreicht, als mir schon Zweifel kamen, ob ich je weggewesen sei. »Ich habe einen wunderbaren Traum gehabt«, sagte ich, »während ich, nach Verlassen des Salons, hier lag.« Falls ich nicht fortgewesen war, würde ich auch kein Pulver in der Tasche haben, überlegte ich mir. Ich fand das Pulver; es tat meinem seelischen Gleichgewicht gut, als ich merkte, daß ich nicht in jeder Hinsicht von Wahnvorstellungen heimgesucht war. Ich ließ das Licht brennen und schickte mich an, die Reise zu meinem Bett anzutreten, das mir aus der Ferne höchst einladend zuwinkte. Als ich es nach einem zünftigen Marsch erreicht hatte, ließ ich mich darauf niederfallen.

CHARLES BAUDELAIRE

Die Moral des Haschisch

Aber am Morgen, am fürchterlichen Morgen! Da sind alle Organe erschlafft und ermüdet, alle Nerven abgespannt. Das dauernde kitzelnde Bedürfnis zu weinen, die Unfähigkeit, sich einer fortlaufenden Arbeit zu widmen, beweisen dir grausam, daß du ein verbotenes Spiel getrieben hast. Die häßliche Natur, ihres Aufputzes vom Vorabend entblößt, gleicht nun den trübseligen Überresten eines Festes. Die Willenskraft, von allen Fähigkeiten die kostbarste, ist besonders angegriffen. Man sagt, und es ist etwas Wahres daran, daß dieser Stoff kein physisches Leiden verursacht, kein schweres wenigstens. Aber kann man behaupten, daß ein Mensch, unfähig jeder Handlung und nur zu Träumereien tauglich, sich wahrhaft wohl befinde, selbst wenn alle seine Glieder in gutem Zustand wären? Nun, wir kennen die menschliche Natur genügend, um zu wissen, daß ein Mensch, der mit einem Löffel voll Konfitüre sich augenblicklich alle Güter des Himmels und der Erde verschaffen kann, davon niemals auch nur den geringsten Teil durch Arbeit gewinnen wird. Kann man sich einen Staat vorstellen, in dem sämtliche Bürger sich an Haschisch berauschen würden? Welche Bürger, welche Krieger, welche Gesetzgeber! Sogar im Orient, wo sein Gebrauch doch so verbreitet ist, gibt es Regierungen, welche die Notwendigkeit eingesehen haben, ihn zu verbieten. In der Tat, es ist dem Menschen bei Strafe der Entartung und des intellektuellen Todes verwehrt, die Grundbedingungen seiner Existenz durcheinanderzubringen und das Gleichgewicht zwischen seinen Fähigkeiten und den Lebenssphären, worin sich zu bestätigen ihre Bestimmung ist, zu zerstören, mit einem Wort: sein Geschick niederzureißen, um dafür ein Verhängnis neuer Art einzusetzen. Erinnern wir uns an Melmoth, dieses bewundernswürdige Sinnbild. Sein schreckliches Leiden liegt in dem Mißverhältnis zwischen seinen wunderbaren Fähigkeiten, erworben in einem Augenblick durch einen Satanspakt, und dem Milieu, worin er, als Kreatur Gottes, zu leben verdammt ist. Und nicht einer von denen, die er verleiten will, ist damit einverstanden, ihm zu den gleichen Bedingungen sein furchtbares Privileg abzukaufen. Tatsächlich, jeder Mensch, der die Bedingungen des Daseins nicht auf sich nimmt, verkauft seine Seele. Es ist leicht, die Beziehung zu begreifen, welche zwischen den satanischen Geschöpfen der Dichter und den lebendigen Kreaturen besteht, die sich den Stimulantien ergeben haben. Der Mensch hat zum Gott werden wollen, und da ist er bald, einem unkontrollierbaren moralischen Gesetz zufolge, noch unter das Niveau seiner wirklichen Natur herabgefallen. Eine Seele, die sich im kleinen verkauft.

Balzac war ohne Zweifel der Ansicht, daß es für den Menschen keine größere Schande und kein heftigeres Leiden gibt als das, was der Verzicht auf seine Willensbestimmung bedeutet. Ich habe ihn einmal in einer Gesellschaft gesehen, wo von den wunderbaren Wirkungen des Haschisch die Rede war. Er lauschte und stellte Fragen mit einer Spannung und einer Lebhaftigkeit, die amüsant waren. Wer ihn gekannt hat, kann sich denken, daß ihm der Gegenstand interessant sein mußte. Aber die Vorstellung, wider seinen Willen zu denken, beunruhigte ihn lebhaft. Man bot ihm Dawamesk an; prüfend betrachtete er es, beroch es und wies es zurück, ohne es zu berühren. Der Kampf zwischen seiner fast kindhaften Neugier und seinem Widerstreben gegen die Aufgabe seines Selbst verriet sich auf seinem ausdrucksvollen Gesicht in überraschender Weise. Die Liebe zur Würde trug den Sieg davon. In der Tat, es ist schwierig, sich vorzustellen, der Theoretiker der *Willenskraft*, dieser geistige Zwillingsbruder von Louis Lambert, würde dem Verlust eines Teilchens dieser kostbaren *Substanz* zustimmen.

Trotz der erstaunlichen Dienste, die der Äther und das Chloroform geleistet haben, scheint mir, daß, vom Gesichtspunkt der spiritualistischen Philosophie aus betrachtet, der gleiche moralische Schandfleck allen modernen Erfindungen anhaftet, die dahin zielen, die menschliche Willensfreiheit und den unerträglichen Schmerz zu vermindern. Nicht ohne eine gewisse Bewunderung hörte ich einmal das Paradoxon von einem Offizier, der mir von der grausamen Operation erzählte, welche an einem französischen General in El-Aghouat vorgenommen wurde und woran dieser trotz des Chloroforms starb. Dieser General war ein sehr tapferer Mann und auch wohl etwas mehr als das, eine jener Seelen, denen von Natur aus das anhaftet, was man *ritterlich* nennt. »Es war nicht«, erzählte er mir, »Chloroform, was ihm nötig war, sondern die Blicke der ganzen Armee und die Musik der Regimenter. So wäre er vielleicht gerettet worden!« Der Chirurg war nicht der Ansicht dieses Offiziers, aber der Feldprediger würde diese Gefühle ohne Zweifel bewundert haben.

Es ist nach allen diesen Betrachtungen wahrhaft überflüssig, den unmoralischen Charakter des Haschisch noch zu betonen. Wenn ich seinen Gebrauch mit dem Selbstmord vergleiche, einem langsamen Selbstmord mit einer immer blutbefleckten und immer geschärften Waffe, so wird kein vernünftiger Kopf etwas dagegen einzuwenden haben. Wenn ich ihn der Hexerei, der Magie ähnlich finde, welche mit der Materie operieren, und zwar mit Geheimmitteln, die sich mehr als falsch denn als wirksam erweisen und welche dadurch eine Herrschaft gewinnen wollen, die dem Menschen untersagt oder doch nur demjenigen Menschen erlaubt ist, der ihrer für würdig befunden wurde, so wird kein philosophischer Geist diesen Vergleich tadeln. Wenn die Kirche die Magie und die Hexerei verdammt, so geschieht es, weil diese den Absichten Gottes widerstreiten, weil sie die zeitliche Arbeit unterdrücken und die Forderungen der Reinheit und Sittlichkeit überflüssig machen wollen. Und weil die Kirche nur diejenigen Schätze als rechtmäßig und wahrhaftig ansieht, die durch Fleiß zu guten Zwecken erworben sind. Einen Gauner nennen wir den Spieler, der das Mittel erfunden hat, stets ein sicheres Spiel zu machen. Wie sollen wir den Menschen nennen, der mit ein wenig Geld das Glück und das Genie erkaufen will? Gerade in der Unfehlbarkeit des Mittels besteht seine Immoralität, wie auch die vermeintliche Unfehlbarkeit es ist, welche der Magie ihr höllisches Brandmal aufdrückt. Soll ich noch hinzufügen, daß der Haschisch, wie alle einsamen Freuden, das Individuum untauglich für die Menschheit und die Gesellschaft überflüssig für das Individuum macht, indem er dieses zwingt, unaufhörlich sich selber zu bewundern, und es Tag für Tag dem lichtschimmernden Abgrund zutreibt, worin es mit Bewunderung sein Narzissus-Antlitz anschaut?

Es bleibt noch zu fragen, ob der Mensch um den Preis seiner Würde, seiner Ehrenhaftigkeit und seiner freien Entscheidung nicht große geistige Vorteile aus dem Haschisch ziehen, ob er nicht eine Art Denkmaschine daraus machen könne, ein fruchtbares Instrument. Das ist eine Frage, die ich oft gehört habe, und ich will darauf antworten. Zunächst offenbart der Haschisch, wie ich ausführlich dargelegt habe, dem Individuum nichts als das Individuum selber. Es ist wahr, daß dieses Individuum sozusagen zur dritten Potenz erhoben und auf seine äußerste Möglichkeit getrieben ist. Und da es ebenso sicher ist, daß die Erinnerung an die Eindrücke die Orgie überlebt, so scheint die Hoffnung dieser *Utilitarier* auf den ersten Blick nicht ganz unbegründet. Aber ich bitte Sie, doch zu beachten, daß die Gedanken, von denen Sie eine so große Ausbeute erhoffen, in der Wirklichkeit nicht so schön sind, wie sie in ihrer vorübergehenden Travestierung, bedeckt mit magischem Blendwerk, erscheinen. Sie enthalten mehr von der Erde als vom Himmel, und sie verdanken einen großen Teil ihrer Schönheit der nervösen Erregung, der Begierde, mit welcher der Geist sich auf sie wirft. Und dann bedeutet diese Hoffnung einen *Circulus vitiosus*: Geben wir für einen Augenblick zu, daß der Haschisch Genialität verleiht oder wenigstens solche steigert, so vergessen jene, daß es in der Natur des Haschisch liegt, den Willen zu schwächen, und daß er also nur auf der einen Seite gewährt, was er auf der anderen fortnimmt, was bedeutet: er steigert die Erfindungsgabe und schwächt zugleich die Fähigkeit, Nutzen daraus zu gewinnen. Und wenn man annimmt, ein Mensch wäre geschickt und energisch genug, sich dieser Alternative zu entziehen, so ist noch eine andere, verhängnisvolle und schreckliche Gefahr zu bedenken, die allen Gewöhnungen anhaftet. Alle werden bald zu Notwendigkeiten. Wer zu einer Droge Zuflucht genommen hat, *um* denken zu können, wird bald nicht mehr denken können *ohne* Droge. Man stelle sich das gräßliche Los eines Menschen vor, dessen gelähmte Vorstellungskraft nicht mehr funktionieren würde ohne die Hilfe des Haschisch oder des Opiums!

In den philosophischen Studien muß der menschliche Geist,

ähnlich dem Lauf der Gestirne, einer Kurve folgen, die ihn auf seinen Ausgangspunkt zurückführt. Einen Schluß ziehen, das heißt einen Kreis schließen. Zu Anfang habe ich von jenem wunderbaren Zustand gesprochen, in den der Geist des Menschen sich manchmal durch eine besondere Gnade versetzt finde. Ich sagte, daß er mit dem Versuch, seine Hoffnungen unaufhörlich anzufeuern und sich bis zum Unendlichen emporzuschwingen, in allen Ländern und zu allen Zeiten den Beweis liefere für ein frenetisches Verlangen nach allen, selbst gefährlichen Substanzen, die, indem sie seine Persönlichkeit außer sich brächten, einen Augenblick lang jenes Gelegenheitsparadies, das Gegenstand aller seiner Sehnsüchte ist, vor seinem inneren Gesicht erwecken könnten; und schließlich, daß dieser verwegene Geist, der, ohne es zu wissen, bis zur Hölle hinabsteigt, auf diese Weise seine ursprüngliche Größe bezeuge. Aber der Mensch ist nicht so verlassen, nicht aller ehrlichen Mittel so beraubt, den Himmel zu gewinnen, daß er gezwungen wäre, die Pharmazie und die Zauberei anzurufen. Er braucht nicht seine Seele zu verkaufen, um die betörenden Liebkosungen und die Freundschaft der Huris zu bezahlen. Was ist ein Paradies, das man erkauft um den Preis seines ewigen Heils? Ich stelle mir einen Menschen vor (soll ich sagen: einen Brahmanen, einen Dichter oder einen christlichen Philosophen?), der auf dem steilen Olymp der Geistigkeit sitzt. Rings um ihn her vollführen die Musen Raffaels oder Mantegnas, um ihn zu trösten für seine langen Fastenzeiten und seine beharrlichen Gebete, die edelsten Tänze, blicken ihn an mit ihren sanftesten Augen und ihrem strahlendsten Lächeln. Der göttliche Apoll, der Meister in jeglichem Wissen (jener des Francavilla, des Albrecht Dürer, des Goltzius oder jedes anderen: was tut es? Gibt es nicht einen Apoll für jeden Menschen, der ihn verdient?), er streichelt mit seinem Geigenbogen die vibrierenden Saiten. Unter ihm, am Fuße des Berges, im Gestrüpp und im Schmutz, die Schar der menschlichen Wesen, die Horde der Sklaven, mit Grimassen die Gebärden der Freude vortäuschend und Schreie ausstoßend, die der Biß des Giftes aus ihnen preßt. Und der betrübte Dichter sagt zu sich: »Diese Unglücklichen, die weder gefastet noch gebetet haben und die Erlösung durch die Arbeit von sich wiesen, fordern von der schwarzen Magie die Mittel, um sich mit einem einzigen Schlag in die übernatürliche Existenz zu erheben. Die Magie aber betrügt sie und entzündet für sie ein falsches Glück und ein falsches Licht, während wir, Dichter und Philosophen, unsere Seele durch fortwährende Arbeit und Versenkung neugeboren haben. Durch die beharrliche Übung des Willens und die stete Lauterkeit der Absicht haben wir für uns einen Garten von wahrhafter Schönheit geschaffen. Dem Wort vertrauend, wonach der Glaube Berge versetzt, haben wir das einzige Wunder verrichtet, zu welchem Gott uns die Befugnis gab.

GUSTAVE FLAUBERT

Brief an Charles Baudelaire

Croisset, Montag 22. Oktober 1860
Es ist sehr freundlich von Ihnen, mein lieber Baudelaire, mir ein solches Buch zu schicken. Alles daran gefällt mir, die Intention, der Stil und selbst das Papier.

Ich habe es sehr aufmerksam gelesen. Zunächst muß ich Ihnen dafür danken, daß Sie mich mit einem so reizenden Mann wie dem Herrn de Quincey bekannt gemacht haben. Wie gern man ihn hat!

Hier (um unverzüglich mit dem *aber* ein Ende zu machen) mein einziger Einwand:

Es scheint mir, daß Sie bei einem Thema, das Sie in solcher Höhe abhandeln, bei einer Arbeit, die der Anfang einer Wissenschaft ist, bei einem Werk der naturwissenschaftlichen Beobachtung und der Induktion, zu sehr (?) (und zwar an mehreren Stellen) den *Geist des Bösen* betonen. Man spürt hie und da so etwas wie einen Sauerteig des Katholizismus. Ich hätte es lieber gehabt, wenn Sie das Haschisch, das Opium, den Exzeß *nicht getadelt* hätten; wissen Sie denn, was später noch daraus hervorgeht?

Doch beachten Sie, daß das eine persönliche Meinung ist, der ich kein Bedeutung beimesse. Ich erkenne der Kritik nicht das Recht zu, ihre eigenen Gedanken an die Stelle derer eines anderen zu setzen. Und was ich an ihrem Buch tadle, ist vielleicht gerade das, was seine Originalität ausmacht und das Zeichen Ihres Talents? Nicht dem Nachbarn zu gleichen, darin liegt alles.

Nachdem ich Ihnen meinen ganzen Groll gestanden habe,

kann ich Ihnen nicht genug sagen, wie ausgezeichnet ich Ihr Buch von Anfang bis Ende finde, es ist von einem sehr hohen, sehr festen und sehr sorgfältig gearbeiteten Stil. Ich bewundere in dem Gedicht vom Haschisch aufs höchste die Seiten 27-33, 51-55, 76 und alles, was folgt.

Sie haben das Mittel gefunden, klassisch zu sein und gleichzeitig der transzendente Romantiker zu bleiben, den wir lieben.

Bei dem Teil mit dem Titel »ein Opiumesser« weiß ich nicht, was Sie de Quincey verdanken, aber es ist auf alle Fälle etwas *Großartiges.*

Ich kenne keine Figur, die sympathischer wäre, wenigstens mir.

Diese Drogen haben in mir immer eine große Begierde hervorgerufen. Ich besitze sogar ausgezeichnetes Haschisch, das der Apotheker Gastinel hergestellt hat. Aber *es macht mir Angst*, was ich an mir tadele.

Kennen Sie in dem *Soudan* von d'Estagrac de Lauture die ganze von einem Opiumraucher erfundene besondere Theogonie und Kosmogonie? Ich habe eine »recht drollige« Erinnerung daran, aber ich habe Herrn de Quincey lieber. Armer Mann! Was ist aus Miss Ann geworden!

Ich bin Ihnen auch Dank schuldig für die kleine Notiz in bezug auf die neuen Kritiken. Da bin ich an meiner empfindlichen Stelle gekitzelt oder vielmehr geschmeichelt worden.

Ich erwarte mit Ungeduld die neuen *Blumen den Bösen;* da ist meine Anmerkung nicht am Platz, denn der Dichter hat das Recht zu glauben, was er will. Doch der *Gelehrte?*

Ich sage Ihnen vielleicht Dummheiten? Es scheint mir jedoch, daß ich mich begreife. Wir werden noch darüber sprechen. Wie Sie arbeiten! – und wie gut!

Leben Sie wohl, ich schüttele Ihnen kräftig die Hand, daß es Ihnen die Schulter ausrenkt.

MARK TWAIN

Der Wendepunkt meines Lebens

Als ich zwölfeinhalb Jahre alt war, starb mein Vater. Es war Frühling. Der Sommer kam und brachte eine Masernepidemie mit sich. Eine Zeitlang starb beinahe an jedem Tag ein Kind. Das Dorf war wie gelähmt vor Furcht, Kummer und Verzweiflung. Kinder, die nicht von der Krankheit geschlagen waren, wurden zu Hause eingesperrt, um sie vor der Ansteckung zu bewahren. In den Häusern gab es keine fröhlichen Gesichter, keine Musik, es gab keinen Gesang, außer frommen Kirchenliedern, keine Stimmen, außer jenen der Betenden, kein Tollen war erlaubt, kein Lärm, kein Lachen; auf Zehenspitzen bewegte sich die Familie geisterhaft umher, in einer Stille, die gespenstisch war. Ich war ein Gefangener. Meine Seele war durchdrungen von jener schrecklichen Trübseligkeit – und von Furcht. Manchmal, bei Nacht oder am Tage, erschütterte mich ein plötzlicher Schauder bis ins Mark, und ich sagte mir: »Da, es hat mich erwischt! Ich werde sterben.« Unter diesen elenden Bedingungen war das Leben nicht mehr wert, gelebt zu werden, und so entschloß ich mich, mich anzustecken und Schluß zu machen, auf die eine oder andere Art. Ich floh aus dem Haus und ging in das eines Nachbarn, in welchem ein Spielkamerad von mir schwer an der Krankheit litt. Als sich die Gelegenheit bot, schlich ich mich in sein Zimmer und stieg zu ihm ins Bett. Ich wurde von der Mutter entdeckt und zurück in Gefangenschaft geschickt. Doch ich hatte die Krankheit; keiner konnte sie mir mehr nehmen. Ich kam dem

Tode nahe. Das ganze Dorf nahm Anteil und war besorgt, und man erkundigte sich täglich nach mir; und nicht nur einmal, sondern mehrere Male am Tag. Alle glaubten sie, ich würde sterben; doch am vierzehnten Tag trat eine Veränderung zum Schlechten ein, und sie wurden enttäuscht. Dies war ein Wendepunkt meines Lebens. Denn als es mir wieder besser ging, nahm mich meine Mutter von der Schule und schickte mich zu einem Drucker in die Lehre. Sie war es leid, mich unentwegt vor Unfug bewahren zu müssen. Das Abenteuer mit den Masern hatte sie davon überzeugt, mich besser strengeren Händen als den ihren anzuvertrauen.

Ich wurde Drucker und begann, jener Kette, welche mich zu dem Beruf des Literaten führen sollte, ein Glied nach dem anderen hinzuzufügen. Ein langer Weg, doch das konnte ich nicht wissen; aber da ich nicht wußte, welches Ziel dieser Weg hatte, oder ob er überhaupt eines hatte, war es mir gleichgültig. Doch ich war auch zufrieden.

Ein junger Drucker wandert viel umher, um Arbeit zu suchen und zu finden; und, sollte es die Notwendigkeit gebieten, um abermals zu suchen. N.B. Notwendigkeit ist ein *Umstand*; der Umstand ist der Gebieter des Menschen – und wenn der Umstand es verlangt, dann hat jener zu gehorchen; er mag zwar diskutieren – das ist sein Privileg, ganz so, wie es das ehrbare Privileg eines fallenden Körpers ist, mit der Anziehung der Schwerkraft zu diskutieren –, doch es wird ihm nichts helfen, er muß *gehorchen*. Zehn Jahre lang wanderte ich unter der Führung und dem Diktat des Umstandes umher und gelangte schließlich in eine Stadt in Iowa, in welcher ich mehrere Monate arbeitete. Unter den Büchern, für die ich mich in jenen Tagen interessierte, befand sich eines über den Amazonas. Der Reisende erzählte die verführerische Geschichte seiner langen Reise den großartigen Fluß hinauf, von Para bis zu den Quellen des Madeira, durch das Herz eines verzauberten Landes, eines Landes, das verschwenderisch reich war an tropischen Wundern, eines romantischen Landes, in dem die Vögel und Blumen und Tiere so vielfältig waren wie in einem Museum, und in dem die Alligatoren und Krokodile und Affen in einer Weise zu Hause zu sein schienen, als befänden sie sich in einem Zoo. Darüber hinaus berichtete er Erstaunliches über *coca*, einem pflanzlichen Produkt von wundersamer Kraft, welches, wie er betonte, so nahrhaft und kraftspendend sei, daß die Eingeborenen in den Bergen der Madeira-Region mit nur einer Prise *coca* den ganzen Tag über hügelauf- und abwärts rennen konnten, ohne zusätzliche Nahrung zu benötigen.

Mein brennendes Verlangen, den Amazonas hinaufzufahren, war geweckt. Dazu auch der innige Wunsch, einen weltweiten Handel mit *coca* zu eröffnen. Monatelang träumte ich diesen Traum, suchte sogar nach Wegen, um nach Para zu gelangen und dieses großartige Unternehmen auf unserem nichtsahnenden Planeten zu gründen. Doch all das vergebens. Ein Mensch mag so viel *planen* wie er will, doch nichts von Bedeutung wird dabei herauskommen, solange nicht der Zauberer *Umstand* einschreitet und die Angelegenheit in seine Hände nimmt. Der Umstand kam mir schließlich zur Hilfe, und zwar in folgender Weise: Um einem anderen Menschen zu helfen oder zu schaden, ließ der Umstand jemanden eine Fünfzig-Dollar-Note auf der Straße verlieren; und um mir zu helfen oder zu schaden, ließ er sie mich finden. Ich meldete den Fund und machte mich noch am selben Tage auf den Weg zum Amazonas. Dies war ein weiterer Wendepunkt.

Hätte der Umstand einem anderen Bewohner dieser Stadt befehlen können, auf der Grundlage von fünfzig Dollar zum

Amazonas zu reisen und einen Welthandel mit *coca* zu eröffnen? Und hätte dieser gehorcht? Nein, ich war der einzige. Es gab viele Dummköpfe dort – Unmengen von ihnen – aber sie waren nicht wie ich. Ich war der einzige meiner Art.

Der Umstand ist mächtig, doch er kann nicht alleine arbeiten. Sein Partner ist das *Temperament* des Menschen – dessen natürliche Veranlagung. Das Temperament ist keine Erfindung des Menschen, es ist ihm *angeboren*, und genausowenig wie er Macht darüber hat, trägt er auch Verantwortung für dessen Taten. Er kann es nicht verändern, nichts kann es verändern, nichts kann es modifizieren – nur vorübergehend. Doch es wird nicht so bleiben. Es ist unveränderlich, wie die Augenfarbe des Menschen und die Form der Ohren. Blaue Augen sind in einem bestimmten ungewöhnlichen Licht grau; doch sie nehmen wieder ihre natürliche Farbe an, sobald dieser Akzent entfernt wird.

Ein Umstand, der einen Menschen dazu nötigt, etwas zu tun, zeigt bei einem Menschen mit anderem Temperament keine Wirkung. Hätte der Umstand den Geldschein in Cäsars Weg geworfen, so hätte dessen Temperament ihn nicht zum Amazonas reisen lassen. Sein Temperament hätte ihn gezwungen, irgend etwas mit dem Geld zu tun, doch nicht dasselbe wie ich. Vielleicht hätte es ihn dazu bewogen, den Fund des Scheins zu melden – und er hätte *abgewartet*. Wir können es nicht sagen. Vielleicht hätte ihn sein Temperament auch nach New York gehen lassen, wo er sich in die Regierung eingekauft hätte.

Nun gut, der Umstand sorgte für das Kapital, und mein Temperament sagte mir, was ich damit tun sollte. In manchen Fällen ist das Temperament ein Esel. Ist dies der Fall, dann ist dessen Besitzer ebenfalls ein Esel und wird es immer bleiben. Übung, Erfahrung, Beziehungen können ihn zeitweise so herausputzen, aufbessern, erheben, daß die Leute glauben, er wäre ein Maultier, doch sie werden sich irren. Oberflächlich gesehen mag er vorübergehend ein Maultier sein, tief im Innern jedoch ist er ein Esel und wird es auch immer bleiben.

Von meinem Temperament her war ich eine Person, die Dinge *tut*. Die sie tut und hinterher darüber nachdenkt. Insofern reiste ich ohne nachzudenken und Fragen zu stellen zum Amazonas ab. Dies war vor mehr als fünfzig Jahren. In all der Zeit hat sich mein Temperament nicht verändert, um keine Nuance. Viele, viele Male wurde ich bitterlich dafür bestraft, Dinge zu tun und erst hinterher darüber nachzudenken, doch diese Qualen waren für mich nicht von Nutzen: Nach wie vor tue ich, was mir der Umstand und das Temperament befehlen, und erst hinterher denke ich darüber nach. Und das stets mit großer Heftigkeit. Denke ich währenddessen nach, dann können mich selbst Taube denken hören.

Ich nahm den Weg über Cincinnati, den Ohio und Mississippi hinunter. Mein Plan war, von New Orleans aus ein Schiff nach Para zu nehmen. In New Orleans erkundigte ich mich und fand heraus, daß es kein Schiff gab, das nach Para fuhr. Auch, daß es nie ein Schiff *gegeben* hatte, das von dort nach Para fuhr. Ich dachte nach. Ein Polizist kam vorüber und fragte mich, was ich dort täte, und ich sagte es ihm. Er schickte mich fort und meinte, sollte er mich noch einmal dabei erwischen, wie ich auf offener Straße nachdachte, dann würde er mich hinter Schloß und Riegel bringen.

Ein paar Tage später ging mir das Geld aus. Dann trat der Umstand mit einem weiteren Wendepunkt meines Lebens auf – mit einem weiteren Kettenglied. Auf meinem Weg in den Süden hatte ich die Bekanntschaft eines Lotsen gemacht. Ich bat ihn, mir den Fluß zu erklären, und er willigte ein. Ich wurde Lotse.

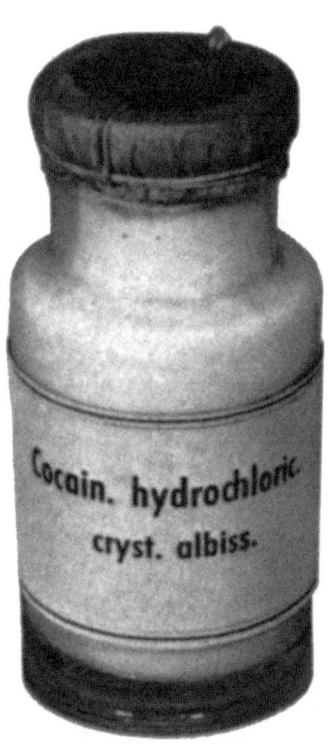

SIGMUND FREUD

Die Cocawirkung beim gesunden Menschen

Die Wirkung, welche die Einnahme des Cocains auf den gesunden menschlichen Organismus ausübt, habe ich in wiederholten Versuchen an mir und anderen studiert und dieselbe in wesentlicher Übereinstimmung mit der Wirkung der Cocablätter nach Mantegazzas Schilderung gefunden.

Ich nahm das erstemal 0.05 Gramm Cocain. muriat. in 1%iger wässeriger Lösung während einer leichten, durch Ermüdung hervorgerufenen Verstimmung. Diese Lösung ist ziemlich dickflüssig, etwas opalisierend, von einem fremdartig aromatischen Geruch. Sie erregt eine zuerst bittere Geschmacksempfindung, welche in eine Reihe von sehr angenehmen aromatischen Empfindungen übergeht. Das trockene Cocainsalz zeigt denselben Geruch und Geschmack in verstärktem Maße.

Wenige Minuten nach der Einnahme stellt sich eine plötzliche Aufheiterung und ein Gefühl von Leichtigkeit her. Man fühlt dabei ein Pelzigsein an den Lippen und am Gaumen, dann ein Wärmegefühl an denselben Stellen, und wenn man jetzt kaltes Wasser trinkt, empfindet man es an den Lippen als warm, im Schlunde als kalt. Andere Male herrscht eine angenehme Kühle im Munde und Rachen vor.

Bei diesem ersten Versuch trat ein kurzes Stadium toxischer Wirkungen auf, die ich später vermißte. Die Atemzüge wurden verlangsamt und vertieft, ich fühlte mich matt und schläfrig, mußte häufig gähnen und fand mich etwas eingenommen. Nach wenigen Minuten begann die eigentliche Cocain-Euphorie, eingeleitet durch wiederholtes, kühlendes Aufstoßen. An meinem Puls beobachtete ich unmittelbar nach der Cocain-Einnahme eine geringe Verlangsamung, später eine mäßige Zunahme der Völle. Dieselben physischen Anzeichen des Cocainzustandes habe ich auch an anderen, meist gleichalterigen Personen beobachtet. Als das konstanteste erwies sich das wiederholte kühlende Aufstoßen. Dabei hört man oft ein Gurren, welches hoch oben im Darme zustande kommen muß, und zwei der von mir beobachteten Personen, welche sich für fähig erklärten, ihre Magenbewegungen zu erkennen, sagten mit aller Bestimmtheit aus, daß sie solche wiederholt verspürt hätten. Öfters wurde mir zu Anfang der Cocainwirkung intensives Hitzegefühl im Kopfe angegeben, das ich auch selbst bei einigen späteren Versuchen verspürte, andere Male vermißte. In nur zwei Fällen rief das Cocain Schwindelgefühl hervor. Im ganzen sind die toxischen Erscheinungen der Cocain-Einnahme von kurzer Dauer, weniger intensiv als die durch wirksame Dosen von Chinin oder salizylsaurem Natron bedingten und scheinen sich bei wiederholtem Cocaingebrauch noch mehr abzuschwächen.

Mantegazza führt als gelegentliche Cocawirkung an: flüchtige Erytheme, Vermehrung der Harnmenge, Trockenheit der Conjunctiva und der Nasenschleimhaut. Die Trockenheit der Mundschleimhaut und des Rachens ist ein konstantes und Stunden lange anhaltendes Symptom. Leicht abführende Wirkung wurde von einigen Beobachtern (Marvaud, Collan) angegeben. Harn und Faeces sollen den Geruch der Coca annehmen. Die Wirkung auf die Pulsfrequenz wird von verschiedenen Beobachtern sehr verschieden dargestellt. Nach Mantegazza ruft Coca sehr bald bedeutende, bei höherer Dosis sich noch steigernde Vermehrung der Pulsfrequenz hervor, auch Collin sah Pulsbeschleunigung nach Coca, während Rossier, Demarle und Marvaud der anfänglichen Beschleunigung eine länger anhaltende Verlangsamung folgen sahen. Christison bemerkte an sich, daß bei Cocagebrauch körperliche Arbeit eine geringere Pulsbeschleunigung machte als sonst; Reiss stellt jede Einwirkung auf die Pulsfrequenz in Abrede. Ich finde keine Schwierigkeit darin, diesen Mangel an Übereinstimmung teils durch die Verschiedenheit der angewendeten Präparate (warmer Aufguß der Blätter, kalte Cocainlösung etc.) und der Applikation, teils durch verschiedene individuelle Reaktion zu erklären. Die letztere kommt, wie bereits Mantegazza mitteilt, überhaupt bei der Coca in hohem Grade in Betracht. Es soll Personen geben, die Coca überhaupt nicht vertragen, und ich habe andererseits nicht wenige gefunden, auf welche die für mich und andere wirksame Dosis von 5 Centigramm ohne Einfluß blieb.

Die psychische Wirkung des Cocainum mur. in Dosen von 0.05–0.10 gr. besteht in einer Aufheiterung und anhaltenden Euphorie, die sich von der normalen Euphorie des gesunden Menschen in gar nichts unterscheidet. Es fehlt gänzlich das Alterationsgefühl, das die Aufheiterung durch Alkohol begleitet, es fehlt auch der für die Alkoholwirkung charakteristische Drang zur sofortigen Betätigung. Man fühlt eine Zunahme der Selbstbeherrschung, fühlt sich lebenskräftiger und arbeitsfähiger; aber wenn man arbeitet, vermißt man auch die durch Alkohol, Tee oder Kaffee hervorgerufene edle Exzitation und Steigerung der geistigen Kräfte. Man ist eben einfach normal und hat bald Mühe, sich zu glauben, daß man unter irgendwelcher Einwirkung steht.

Es macht den Eindruck, als ob die Cocainstimmung bei solchen Dosen hervorgebracht würde nicht so sehr durch direkte

Erregung als durch den Wegfall deprimierender Elemente des Gemeingefühls. Es wird vielleicht gestattet sein anzunehmen, daß auch die Euphorie der Gesundheit nichts anderes ist als die normale Stimmung der gut ernährten Hirnrinde, die von den Organen ihres Körpers »nichts weiß«.

Während dieses an sich nicht weiter gekennzeichneten Cocainzustandes tritt das hervor, was man als die wunderbare stimulierende Wirkung der Coca bezeichnet hat. Langanhaltende, intensive geistige oder Muskelarbeit wird ohne Ermüdung verrichtet, Nahrungs- und Schlafbedürfnis, die sonst zu bestimmten Tageszeiten gebieterisch aufgetreten, sind wie weggewischt. Man kann im Cocainzustande, wenn man aufgefordert wird, reichlich und ohne Widerwillen essen, aber man hat die deutliche Empfindung, daß man die Mahlzeit nicht bedurft hat. Ebenso kann man, wenn die Cocainwirkung im Abnehmen ist, einschlafen, wenn man zu Bette geht, aber auch ohne Beschwerde den Schlaf umgehen. In den ersten Stunden der Cocainwirkung kann man nicht einschlafen, aber diese Schlaflosigkeit hat nichts Peinliches.

Ich habe diese gegen Hunger, Schlaf und Ermüdung schützende und zur geistigen Arbeit stählende Wirkung der Coca etwa ein dutzendmal an mir selbst erprobt; zur physischen Arbeitsleistung hatte ich keine Gelegenheit.

Ein eklatantes Beispiel von Aufhebung hochgradiger Müdigkeit und wohlberechtigten Hungergefühls konnte ich an einem vielbeschäftigten Kollegen beobachten, der, seit frühem Morgen nüchtern, nach angestrengter Tätigkeit um 6 Uhr abends 0.05 Cocain. mur. nahm. Er erklärte einige Minuten später, daß er sich fühle, als ob er von einer reichen Tafel aufgestanden sei, wollte nicht zu Nacht essen und hielt sich für kräftig, einen weiten Weg zu gehen.

Diese stimulierende Wirkung der Coca ist durch eine Reihe vertrauenswürdiger Mitteilungen, auch aus den letzten Jahren, unzweifelhaft bezeugt.

Der 78jährige Sir Robert Christison ermüdete sich zum Zwecke des Versuches bis zur Erschöpfung durch einen Weg von 15 engl. Meilen, ohne Nahrung zu sich zu nehmen. Er wiederholte dies nach einigen Tagen mit dem gleichen Ergebnis; während des dritten Versuches kaute er 2 Drachmen Cocablätter, legte nun denselben Weg ohne alle Beschwerden zurück, fühlte, nach Hause zurückgekehrt, trotz 9stündiger Abstinenz weder Hunger noch Durst und wachte am nächsten Morgen ohne Gefühl von Ermüdung auf. Er bestieg ein andermal einen 3000 Fuß hohen Berg, auf dessen Gipfel er völlig erschöpft anlangte; den Abstieg machte er unter der Einwirkung der Coca mit jugendlicher Frische ohne alle Ermüdung.

Ähnliche Wirkungen haben Clemens und J. Collan an sich erfahren, letzterer während mehrstündiger Wanderungen über Schnee; Mason nennt Coca »an excellent thing [...] for a long walk«, und Aschenbrandt hat unlängst berichtet, wie baierische Soldaten, die unter Einfluß von Strapazen und entkräftenden Krankheiten marode geworden waren, nach Cocaverabreichung imstande waren, die Übungen und Märsche mitzumachen. Moréno y Maïz konnte bei Cocagebrauch ganze Nächte durchwachen. Mantegazza blieb unter dem Einfluß der Coca 40 Stunden ohne Nahrung. Wir sind also berechtigt anzunehmen, daß die Wirkung des Cocains auf Europäer die gleiche ist wie die der Cocablätter auf die Indianer Südamerikas.

Die Wirkung einer mäßigen Dosis Cocain klingt so allmählich ab, daß es schwerhält, unter gewöhnlichen Verhältnissen ihre Dauer zu bestimmen. Wenn man im Cocainzustand intensiv arbeitet, tritt nach 3–5 Stunden ein Nachlaß des Wohlbefindens ein, und man bedarf einer weiteren Gabe Coca, um sich von Ermüdung fernzuhalten. Wenn man nicht schwere Muskelarbeit leistet, scheint die Cocawirkung länger anzuhalten. Ganz übereinstimmend wird berichtet, daß der Coca-Euphorie kein Zustand von Ermattung oder anderweitiger Depression folgt. Ich möchte im Gegenteile glauben, daß ein Teil der Cocawirkung bei mäßigen Dosen (0.05–0.10 gr.) über 24 Stunden anhält. Wenigstens habe ich an mir noch am Tage nach der Coca-Einnahme einen Zustand beobachtet, welcher sich günstig von dem gewohnten unterschied, und ich möchte mir aus der Summierung solcher Nachwirkungen die Möglichkeit einer dauernden Kräftigung, die oftmals behauptet wurde, erklären.

Daß Cocain bei längerem mäßigen Gebrauch keine Störung im Organismus setzt, ist nach später mitzuteilenden Beobachtungen wahrscheinlich. v. Anrep hat Tiere 30 Tage lang mit mäßigen Cocaingaben behandelt, ohne dergleichen nachteilige Beeinflussungen der Körperfunktionen wahrzunehmen. Bemerkenswert erscheint mir, was ich an mir selbst und anderen urteilsfähigen Beobachtern erfahren habe, daß nach der ersten oder wiederholten Coca-Einnahme durchaus kein Verlangen nach weiterem Cocagebrauch eintritt, vielmehr eher eine gewisse, nicht motivierte Abneigung gegen das Mittel. Vielleicht hat dieser Umstand dazu beigetragen, daß die Coca trotz einiger warmer Empfehlungen in Europa sich keinen Platz als Genußmittel erworben hat.

Die Wirkung großer Dosen Coca ist von Mantegazza an der eigenen Person geprüft worden. Er geriet dabei in einen Zustand von enorm erhöhtem, glücklichem Lebensgefühl mit Neigung zur völligen Unbeweglichkeit, welche aber zeitweise durch den heftigsten Bewegungsdrang unterbrochen wurde. Die Analogie mit den Ergebnissen der Tierversuche von [v.] Anrep ist dabei unverkennbar. Bei weiterer Steigerung der Dosis verblieb er unter exzessiver Pulsfrequenz und mäßiger Erhöhung der Körpertemperatur in einem »sopore beato«, fand seine Sprache gestört, seine Schrift unsicher und bekam endlich die glänzendsten und reichhaltigsten Halluzinationen, die für kurze Zeit schreckhaften, dann beständig heiteren Inhalt hatten. Auch dieser Cocainrausch hinterließ keine Depression und keine Anzeichen einer überstandenen Intoxikation. Moréno y Maïz hat ebenfalls nach größeren Dosen Coca heftigen Antrieb zu Bewegungen beobachtet. Eine Bewußtseinsstörung stellte sich bei Mantegazza selbst nach Verbrauch von 18 Drachmen Cocablätter[n] nicht ein; ein Apotheker, der, um sich zu vergiften, 1.5 Gramm Cocain genommen hatte, erkrankte unter den Erscheinungen einer Gastroenteritis ohne Trübung des Bewußtseins.

WALTER BENJAMIN

Haschisch in Marseille

Vorbemerkung: *Eines der ersten Zeichen, daß der Haschisch zu wirken beginnt,* »*ist ein dumpfes Ahnungs- und Beklommenheitsgefühl; etwas Fremdes, Unentrinnbares naht ... Bilder und Bilderreihen, längst versunkene Erinnerungen treten auf, ganze Szenen und Situationen werden gegenwärtig, sie erregen zuerst Interesse, zuweilen Genuß, schließlich, wenn es kein Abwenden von ihnen gibt, Ermüdung und Pein. Von allem, was geschieht, auch von dem, was er sagt und tut, wird der Mensch überrascht und überwältigt. Sein Lachen, all seine Äußerungen stoßen ihm zu wie Geschehnisse von außen. Er gelangt auch zu Erlebnissen, die der Eingebung, der Erleuchtung nahekommen ... Der Raum kann sich weiten, der Boden abschüssig werden, atmosphärische Sensationen treten auf: Dunst, Undurchsichtigkeit, Schwere der Luft; Farben werden heller, leuchtender; Gegenstände schöner oder auch klobig und bedrohlich ... All dies vollzieht sich nicht in kontinuierlicher Entwicklung, vielmehr ist das Typische ein fortwährender Wechsel von traumhaftem und wachem Zustand, ein ständiges, schließlich erschöpfendes Hin- und Hergeworfenwerden zwischen völlig verschiedenen Bewußtseinswelten; mitten im Satz kann dieses Versinken oder Auftauchen erfolgen ... Von alledem berichtet uns der Berauschte in einer Form, die meist sehr erheblich von der Norm abweicht. Die Zusammenhänge werden wegen des oft plötzlichen Abreißens jeder Erinnerung an Vorhergegangenes schwierig, das Denken gestaltet sich nicht zum Wort, die Situation kann von so bezwingender Heiterkeit werden, daß der Haschischesser minutenlang zu nichts fähig ist als zum Lachen ... Die Erinnerung an den Rausch ist überraschend scharf.« – »Es ist merkwürdig, daß die Haschischvergiftung bisher noch nicht experimentell bearbeitet wurde. Die vorzüglichste Schilderung des Haschisch-Rausches stammt von Baudelaire (Paradis artificiels).« Aus Joël und Fränkel: »Der Haschisch-Rausch«. Klinische Wochenschrift 1926, V.37.*

Marseille, 29. Juli. Um sieben Uhr abends nach langem Zögern Haschisch genommen. Ich war am Tage in Aix gewesen. Mit der unbedingten Gewißheit, in dieser Stadt von Hunderttausenden, wo niemand mich kennt, nicht gestört werden zu können, liege ich auf dem Bett. Und doch stört mich ein kleines Kind, das weint. Ich denke, es ist schon eine Dreiviertelstunde verstrichen. Aber nun sind es doch erst zwanzig Minuten ... So liege ich auf dem Bett; las und rauchte. Mir gegenüber immer dieser Blick in den ventre von Marseille. Die Straße, die ich so oft sah, ist wie ein Schnitt, den ein Messer gezogen hat.

Ich verließ endlich das Hotel, mir schien die Wirkung auszubleiben oder so schwach werden zu sollen, daß die Vorsicht des Daheimbleibens unterlassen werden mochte. Erste Station des Café Ecke Cannebière und Cours Belsunce. Vom Hafen gesehen das rechte, also nicht mein gewöhnliches. Nun? Nur das gewisse Wohlwollen, die Erwartung, Leute einem freundlich entgegenkommen zu sehen. Das Gefühl der Einsamkeit verliert sich recht rasch. Mein Stock fängt an, mir besondere Freude zu machen. Man wird so zart: fürchtet, ein Schatten, der aufs Papier fällt, könnte ihm schaden. – Der Ekel schwindet. Man liest die Tafeln auf den Pissoirs. Ich würde mich nicht wundern, wenn der und der auf mich zukäme. Da sie es aber nicht tun, macht es mir auch nichts. Es ist mir hier jedoch zu laut.

Nun kommen die Zeit- und Raumansprüche zur Geltung, die der Haschischesser macht. Die sind ja bekanntlich absolut königlich. Versailles ist dem, der Haschisch gegessen hat, nicht zu groß, und die Ewigkeit dauert ihm nicht zu lange. Und auf dem Hintergrunde dieser immensen Dimensionen des inneren Erlebens, der absoluten Dauer und der unermeßlichen Raumwelt, verweilt nun ein wundervoller, seliger Humor desto lieber bei den Kontingenzen der Raum- und Zeitwelt. Ich empfinde diesen Humor unendlich, wenn ich im Restaurant Basso erfahre, die warme Küche würde gleich geschlossen, während ich mich eben niedergelassen habe, um mich in die Ewigkeit hineinzutafeln. Nachher nichtsdestoweniger das Gefühl, daß ja dies alles hell, besucht, belebt ist und auch bleiben wird. Ich muß notieren, wie ich meinen Platz fand. Mir kam es auf den Blick auf den vieux port an, den man von den oberen Etagen aus hat. Im Vorbeigehen, unten, erspähte ich einen freien Tisch auf den Balkons des zweiten Stockwerks. Schließlich kam ich doch nur bis zum ersten. Die meisten Tische am Fenster waren besetzt. Da ging ich auf einen ganz großen zu, der eben erst frei geworden war. Im Augenblick des Platznehmens aber schien mir das Mißverhältnis: mich an einem so großen Tisch zu placieren, so beschämend, daß ich quer durch das ganze Stockwerk auf das entgegengesetzte Ende zuging, um an einem kleineren Platz zu nehmen, der eben dort mir erst sichtbar geworden war.

Aber das Essen war später. Erst die kleine Bar am Hafen. Ich war schon grade wieder im Begriffe, ratlos kehrt zu machen, denn auch von dort schien ein Konzert und zwar ein Bläserchor zu kommen. Gerade daß ich mir noch Rechenschaft davon geben konnte, das sei nichts anderes als das Geheul der Autohupen. Auf dem Weg zum vieux port schon diese wundervolle Leichtigkeit und Bestimmtheit im Schritt, die den steinigen, unartikulierten Erdboden des großen Platzes, über den ich ging, mir zum Boden einer Landstraße machte, über die ich, rüstiger Wanderer, bei Nacht dahinzog. Denn die Cannebière vermied ich um diese Zeit noch, meiner regulierenden Funktionen nicht ganz sicher. In jener kleinen Hafenbar begann dann der Haschisch seinen eigentlich kanonischen Zauber mit einer primitiven Schärfe spielen zu lassen, mit der ich ihn vordem wohl noch kaum erlebte. Nämlich er machte mich zum Physiognomiker, zumindest zum Betrachter von Physiognomien, und ich erlebte etwas in meiner Erfahrung ganz Einziges: ich verbiß mich förmlich in die Gesichter, die ich da um mich hatte und die zum Teil von remarkabler Roheit oder Häßlichkeit waren. Gesichter, die ich gemeinhin aus einem doppelten Grunde gemieden hätte: weder hätte ich gewünscht, ihre Blicke auf mich zu ziehen, noch hätte ich ihre Brutalität ertragen. Es war ein ziemlich weit vorgeschobener Posten, diese Hafenkneipe. (Ich glaube, der äußerste, der mir ohne Gefahr noch zugänglich war und den ich hier, im Rausche, mit derselben Sicherheit ermessen hatte, mit der man, tief ermüdet, ein Glas mit Wasser so genau randvoll und daß kein Tropfen überfließt, zu füllen weiß, wie man mit frischen Sinnen es niemals zustande bringt.) Immer noch weit genug entfernt von der Rue Bouterie, aber doch saß da kein Bourgeois; höchstens neben dem eigentlichen Hafenproletariat ein paar Kleinbürgerfamilien aus der Nachbarschaft. Ich begriff nun auf einmal, wie einem Maler – ist es nicht Rembrandt geschehen und vielen anderen? – die Häßlichkeit als das wahre Reservoir der Schönheit, besser als ihr Schatzbehalter, als das zerrissene Gebirge mit dem ganzen inwendigen Golde des Schönen, erscheinen konnte, das aus Falten, Blicken, Zügen herausblitzte. Besonders erinnere ich mich an ein grenzenlos tie-

risches und gemeines Männerantlitz, aus dem mich plötzlich die
»Falte des Verzichts« erschütternd traf. Männergesichter waren
es vor allem, die es mir angetan hatten. Es fing nun das lang aus-
gehaltene Spiel an, daß in jedem Antlitz mir ein Bekannter auftauchte; oft wußte ich seinen Namen, oft wieder nicht; die Täu-
schung schwand, wie im Traume Täuschungen schwinden, nämlich nicht beschämt und kompromittiert, sondern friedlich und
freundlich wie ein Wesen, das seine Schuldigkeit getan hat. Unter diesen Umständen konnte von Einsamkeit keine Rede mehr
sein. War ich mir selbst Gesellschaft? Das wohl denn doch nicht
so unverstellt. Ich weiß auch nicht, ob es mich dann so hätte be-
glücken können. Sondern wohl eher dieses: ich wurde mir selber
der gewiegteste, zarteste, unverschämteste Kuppler und führte
mir die Dinge mit der zweideutigen Sicherheit dessen zu, der die
Wünsche seines Auftraggebers aus dem Grunde kennt und studiert hat. – Dann begann es eine halbe Ewigkeit zu dauern, bis
der Kellner wieder erschien. Vielmehr ich konnte sein Erscheinen nicht abwarten. Ich trat in den Barraum ein und bezahlte
am Tisch. Ob in solcher Kneipe Trinkgeld üblich, weiß ich nicht.
Sonst aber hätte ich in jedem Fall etwas gegeben. Im Haschisch,
gestern, war ich eher knauserig; aus Furcht, durch Extravaganzen
aufzufallen, machte ich mich erst recht auffällig.

So auch bei Basso. Erst ließ ich ein Dutzend Austern kommen. Der Mann wollte auch den folgenden Gang gleich bestellt
wissen. Ich bezeichnete irgend etwas Landläufiges. Er kam nun
mit der Nachricht, das sei nicht mehr da. Da strich ich auf der
Karte in der Nähe dieser Speise herum, schien eins nach dem anderen bestellen zu wollen, dann fiel mir der Name des Darüber-
stehenden ins Auge und so fort, bis ich endlich beim Obersten
angelangt war. Das war aber nicht nur Verfressenheit, sondern

eine ganz ausgesprochene Höflichkeit gegen die Speisen, die ich nicht durch eine Ablehnung beleidigen wollte. Kurz, ich blieb an einem pâté de Lyon hängen. Löwenpastete, dachte ich witzig lachend, als es sauber auf einem Teller vor mir lag, und dann verächtlich: Dies zarte Hasen- oder Hühnchenfleisch – was es nun sein mag. Meinem Löwenhunger wäre es nicht unangemessen erschienen, sich an einem Löwen zu sättigen. Im übrigen stand mir im stillen fest, ich würde, sowie ich bei Basso fertig sei (das war gegen halb elf), woandershin gehen und ein zweites Mal zu Abend essen.

Erst aber noch der Gang zu Basso. Ich strich am Kai entlang und las einen nach dem anderen die Namen der Boote, die dort festgemacht waren. Dabei überkam mich eine unbegreifliche Fröhlichkeit, und ich lächelte der Reihe nach allen Vornamen Frankreichs ins Gesicht. Mir schien die Liebe, die diesen Booten mit ihrem Namen versprochen war, wunderbar schön und rührend. Nur an einem »Aero II«, das mich an Luftkrieg erinnerte, ging ich unleutselig vorüber, genau wie ich zuletzt auch in der Bar, aus welcher ich gekommen war, über gewisse, allzu entstellte Mienen mit den Blicken hatte hinweggehen müssen.

Oben bei Basso begannen dann, wenn ich hinunter sah, die alten Spiele. Der Platz vorm Hafen war meine Palette, auf der die Phantasie die Ortsgegebenheiten mischte, so und anders probierte ohne Rechenschaft von sich zu fordern, so wie ein Maler, der auf der Palette träumt. Ich zögerte, dem Wein zuzusprechen. Es war eine halbe Flasche Cassis. Ein Stück Eis schwamm im Glase. Doch vertrug er sich trefflich mit meiner Droge. Ich hatte meinen Platz der geöffneten Scheibe wegen gewählt, durch die ich auf den dunklen Platz hinunterblicken konnte. Und wenn ich dies nun hin und wieder tat, bemerkte ich, daß er die Neigung hatte, mit jedem, der ihn betrat, sich zu verändern, gleich als bilde er ihm eine Figur, die, wohlverstanden, nichts mit dem zu tun hat, wie er ihn sieht, sondern eher mit dem Blick, welchen die großen Porträtisten des siebzehnten Jahrhunderts je nach dem Charakter der Standesperson, die sie vor eine Säulengalerie oder ein Fenster stellen, aus dieser Galerie, diesem Fenster herausheben. Später notierte ich im Herunterschauen: »Von Jahrhundert zu Jahrhundert werden die Dinge fremder.«

Ich muß hier dies allgemein anmerken: Die Einsamkeit solchen Rausches hat ihre Schattenseiten. Nur vom Physischen zu sprechen, so gab es einen Augenblick dort in der Hafenkneipe, wo ein heftiger Druck aufs Zwerchfell sich Erleichterung in einem Summen suchte. Und kein Zweifel, daß wirklich Schönes, Einleuchtendes unerweckt bleibt. Aber andererseits wirkt Einsamkeit dann wieder als ein Filter. Was man am nächsten Tage niederschreibt, ist mehr als eine Aufzählung von Impressionen; der Rausch setzt sich in der Nacht mit schönen prismatischen Rändern gegen den Alltag ab; er bildet eine Art Figur und ist andenklicher. Ich möchte sagen: er schrumpft und bildet eine Blütenform.

Man müßte, um den Rätseln des Rauschglücks näher zu kommen, über den Ariadne-Faden nachdenken. Welche Lust in dem bloßen Akt, einen Knäuel abzurollen. Und diese Lust ganz tief verwandt mit der Rauschlust wie mit der Schaffenslust. Wir gehen vorwärts; wir entdecken dabei aber nicht nur die Windungen der Höhle, in die wir uns vorwagen, sondern genießen dieses Entdeckerglück nur auf dem Grunde jener anderen rhythmischen Seligkeit, die da im Abspulen eines Knäuels besteht. Eine solche Gewißheit vom kunstreich gewundenen Knäuel, das wir abspulen – ist das nicht das Glück jeder, zumindest prosaförmigen, Produktivität? Und im Haschisch sind wir genießende Prosawesen höchster Potenz.

An ein sehr versunkenes Glücksempfinden, das nachher auf einem Seitenplatz der Cannebière auftrat, wo die Rue Paradis in Anlagen mündet, ist schwerer heranzukommen als an alles bisherige. Ich finde glücklicherweise auf meiner Zeitung den Satz: »Mit dem Löffel muß man das Gleiche aus der Wirklichkeit schöpfen.« Mehrere Wochen vorher hatte ich einen anderen von Johannes V. Jensen notiert, der scheinbar Ähnliches sagte: »Richard war ein junger Mann, der Sinn für alles Gleichartige in der Welt hatte.« Dieser Satz hatte mir sehr gefallen. Er ermöglicht mir jetzt, den politisch-rationalen Sinn, den er für mich besaß, mit dem individuell-magischen meiner gestrigen Erfahrung zu konfrontieren. Während der Satz bei Jensen für mich darauf hinauskam, daß die Dinge so sind, wie wir ja wissen, durchtechnisiert, rationalisiert, und das Besondere steckt heute nur noch in Nüancen, war die neue Einsicht durchaus anders. Ich sah nämlich nur Nüancen: diese jedoch waren gleich. Ich vertiefte mich in das Pflaster vor mir, das durch eine Art Salbe, mit der ich gleichsam darüber hinfuhr, als eben dieses Selbe und Nämliche auch das Pariser Pflaster sein konnte. Man redet oft davon: Steine für Brot. Hier diese Steine waren das Brot meiner Phantasie, die plötzlich heißhungrig darauf geworden war, das Gleiche aller Orte und Länder zu kosten. Und dennoch dachte ich mit ungeheurem Stolz daran, hier in Marseille im Haschischrausche zu sitzen; wer hier wohl noch meinen Rausch teile, an diesem Abend, wie wenige. Wie ich nicht fähig sei, kommendes Unglück, kommende Einsamkeit zu fürchten, immer bliebe der Haschisch. In diesem Stadium spielte die Musik von einem Nachtlokal, das nebenan lag und welcher ich gefolgt war, eine Rolle. G. fuhr in einer Droschke an mir vorüber. Es war ein Husch, genau wie vorher aus dem Schatten der Boote sich plötzlich in Gestalt eines Hafenbummlers und Gelegenheitsmachers U. gelöst hatte. Aber es gab nicht nur Bekannte. Hier im Stadium der tiefen Versunkenheit zogen zwei Figuren – Spießer, Strolche, was weiß ich – als »Dante und Petrarca« an mir vorüber. »Alle Menschen sind Brüder.« So begann eine Gedankenkette, die ich nicht mehr zu verfolgen weiß. Aber ihr letztes Glied war bestimmt viel unbanaler geformt als ihr erstes und führte vielleicht auf Tierbilder hinaus.

»Barnabe« stand auf einer Elektrischen, die vor dem Platze, an dem ich saß, kurz hielt. Und mir schien die traurig-wüste Geschichte von Barnabas kein schlechtes Fahrtziel für eine Tram ins Weichbild von Marseille. Sehr schön war, was sich um die Tür des Tanzlokals herum begab. Ab und zu trat eine Chinese in blauseidenen Hosen und rosa leuchtender Seidenjacke heraus. Das war der Türsteher. Mädchen machten sich in der Öffnung sichtbar. Ich war sehr wunschlos gestimmt. Lustig war es, einen jungen Mann mit einem Mädchen in weißem Kleide daherkommen zu sehen und sofort denken zu müssen: »Da ist sie ihm nun von drinnen im Hemde entflohen, und er holt sie sich wieder zurück. Na ja.« Es schmeichelte mir der Gedanke, hier in einem Zentrum aller Ausschweifung zu sitzen, und mit »hier« war nicht etwa die Stadt, sondern der kleine, nicht sehr ereignisreiche Fleck gemeint, auf dem ich mich befand. Aber die Ereignisse kamen eben so zustande, daß die Erscheinung mich mit einem Zauberstab berührte und ich in einen Traum von ihr versank. Die Menschen und Dinge verhalten sich in solchen Stunden wie jene Holundermark-Requisiten und Holundermark-Männchen im verglasten Stanniolkasten, die durch das Reiben des Glases elektrisch geworden sind und nun bei jeder Bewegung in die ungewöhnlichste Beziehung zueinander treten müssen.

Die Musik, die inzwischen immer wieder aufklang und abnahm, nannte ich die strohernen Ruten des Jazz. Ich habe vergessen, mit welcher Begründung ich mir gestattete, ihren Takt mit dem Fuß zu markieren. Das geht gegen meine Erziehung, und es geschah nicht ohne eine inwendige Auseinandersetzung. Es gab Zeiten, in denen die Intensität der akustischen Eindrücke alle anderen verdrängte. Vor allem in der kleinen Bar ging plötzlich alles, und zwar im Lärm von Stimmen, nicht von Straßen, unter. An diesem Stimmenlärm war nun das Eigentümlichste, daß er ganz und gar nach Dialekt klang. Die Marseiller sprachen mir plötzlich sozusagen nicht gut genug Französisch. Sie waren auf der Dialektstufe stehen geblieben. Das Entfremdungsphänomen, das hierin liegen mag und das Kraus mit dem schönen Wort formuliert hat: »Je näher man ein Wort ansieht, desto ferner blickt es zurück«, scheint auch aufs Optische sich zu erstrecken. Jedenfalls finde ich unter meinen Aufzeichnungen die verwunderte Notiz: »Wie die Dinge den Blicken standhalten.«

Es klang dann ab, als ich über die Cannebière ging und endlich einbog, um in einem kleinen Café des Cours Belsunce noch etwas Eis zu essen. Das war nicht weit von dem andern, ersten Café des Abends, in dem plötzlich das Liebesglück, mit welchem die Betrachtung einiger im Wind gewellter Fransen mich beschenkte, mich davon überzeugte, daß der Haschisch ans Werk gegangen sei. Und wenn ich dieses Zustands mich erinnere, möchte ich glauben, daß der Haschisch die Natur zu überreden weiß, jene Verschwendung des eignen Daseins, das die Liebe kennt, uns – minder eigennützig – freizugeben. Wenn nämlich in den Zeiten, da wir lieben, unser Dasein der Natur wie goldene

Münzen durch die Finger geht, die sie nicht halten kann und fahren läßt, um so das Neugeborene zu erhandeln, so wirft sie nun, ohne irgend etwas zu hoffen oder erwarten zu dürfen, uns mit vollen Händen dem Dasein hin.

ANTONIN ARTAUD

Der Peyotl-Ritus der Tarahumaras

Ich habe bereits zu Beginn dieses Berichtes gesagt: all das genügte mir nicht. Ich wollte mehr erfahren über den Peyotl. Ich ging auf den Priester zu und befragte ihn:
»Unser letztes Fest«, sagte er mir, »hat nicht stattfinden können. Wir sind niedergeschlagen. Wir nehmen jetzt Ciguri nicht mehr anläßlich der Riten, sondern wie ein Laster. Bald wird unsere ganze Rasse krank sein. Die Zeit ist zu alt geworden für das Sein. Sie kann uns nicht mehr ertragen. Was tun, was soll aus uns werden? Schon lieben die Unsern Gott nicht mehr. Ich bin Priester, ich habe es ja spüren müssen. Siehst du, ich bin ganz verzweifelt darüber.«

Ich sagte ihm, was mit dem Direktor der Eingeborenenschule abgesprochen worden war und daß ihr nächstes großes Fest diesmal stattfinden könne.

Ich sagte ihm auch, ich sei nicht aus Neugier zu den Tarahumaras gekommen, sondern um eine Wahrheit wiederzufinden, die den Menschen in Europa entgeht und die seine Rasse bewahrt hatte. Da faßte er volles Vertrauen und sagte mir wunderbare Dinge über das Gute und das Böse, über Wahrheit und Leben.

»Alles, was ich sage, kommt von Ciguri«, sagte er mir, »und von ihm habe ich es erfahren.

Die Dinge sind nicht so, wie wir sie sehen und wie wir sie meistens empfinden, sondern so, wie Ciguri sie uns lehrt. Das Böse, der Böse Geist hat sie schon lange gepackt, und ohne

Ciguri kann der Mensch nicht zur Wahrheit zurückkehren. Am Anfang waren sie wahr, aber je älter wir werden, desto falscher werden sie, weil das Böse sich immer mehr in ihnen festsetzt. Die Welt war am Anfang ganz und gar wirklich, sie hallte im menschlichen Herzen wider und mit ihm zusammen. Jetzt ist das Herz nicht mehr dabei, und die Seele auch nicht, weil Gott sich daraus zurückgezogen hat. Die Dinge sehen bedeutete, das Unendliche sehen. Wenn ich jetzt das Licht betrachte, habe ich Mühe, an Gott zu denken. Und doch hat Er, Ciguri, alles erschaffen. Aber das Böse ist in allen Dingen, und ich, ein Mensch, ich kann mich nicht mehr rein fühlen. Da ist etwas Schreckliches in mir, das steigt auf und kommt nicht aus mir, sondern aus der Finsternis, die ich in mir habe, in der die Seele des Menschen nicht mehr weiß, wo das *Ich* beginnt und wo es endet und was ihm ermöglicht hat, als der zu beginnen, als welcher er sich begreift. Und das sagt mir *Ciguri*. Bei Ihm weiß ich nichts mehr von Lüge und verwechsle *das, was* in jedem Menschen wirklich *will*, nicht mehr mit dem, was nicht will, sondern das Wesen des bösen Willens nachäfft. Und bald wird nichts mehr dasein außer dem«, sagte er und trat ein paar Schritte zurück: »die obszöne Fratze dessen, der zwischen Sperma und Kacke grinst.«

Diese Worte des Priesters, die ich da wiedergegeben habe, sind vollkommen authentisch; ich habe sie für so wichtig und so schön gehalten, daß ich mir nicht gestattet habe, etwas an ihnen zu ändern, und wenn es nicht absolut wörtlich ist, werde ich doch kaum davon abweichen, denn man kann sich denken, daß ich darüber erstaunt war, und meine Erinnerungen sind diesbezüglich nach wie vor äußerst genau. Übrigens, es sei wiederholt, hatte er gerade Peyotl genommen, und so überraschte mich seine Hellsichtigkeit keineswegs.

Als dieses Gespräch zu Ende war, fragte er mich, ob ich Ciguri selber kosten und mich so der Wahrheit, die ich suchte, nähern möchte.

Ich sagte ihm, das sei mein größter Wunsch und ich hätte den Eindruck, daß man all das, was uns entgeht und von dem uns die Zeit und die Dinge immer mehr entfernen, ohne Hilfe des Peyotl nicht erreichen könne.

Er schüttete mir eine Dosis vom Umfang einer frischen Mandel in die linke Hand, »ausreichend«, sagte er, »um Gott zwei- oder dreimal wiederzusehen, denn Gott zu kennen vermag man nie. Um in seine Gegenwart einzugehen, muß man sich mindestens dreimal unter Ciguris Einfluß begeben, doch was man einnimmt, darf jeweils nicht größer sein als eine Erbse.«

Ich blieb also noch ein, zwei Tage bei den Tarahumaras, um den Peyotl richtig kennenzulernen, und ich müßte ein dickes Buch schreiben, wenn ich von allem berichten wollte, was ich unter seinem Einfluß gesehen und empfunden habe und was die Priester, ihre Gehilfen und Familien mir noch darüber sagten. Ich hatte aber eine Vision, die mich tief beeindruckte und die von dem Priester und seiner Familie für *echt* befunden wurde, sie bezog sich offenbar auf den, der *Ciguri* sein soll und Gott ist. Doch dahin kommt man nur, wenn man durch Zerrissenheit und Angst hindurchgegangen ist, und danach hat man das Gefühl, man sei gleichsam vom andern Ufer der Dinge zurückgekehrt und *zurückgeflutet*, und man versteht die Welt, die man gerade verlassen hat, nicht mehr.

Ich sage: *zurückgeflutet* vom andern Ufer der Dinge und als wenn einem eine schreckliche Kraft gewährt hätte, wieder an das *heimzufallen*, was am andern Ufer ist. Man spürt den Körper nicht mehr, den man gerade verlassen hat und der einem in seiner Begrenztheit Sicherheit gab, dafür ist das Glücksgefühl, dem Unbegrenzten anzugehören, viel stärker als wenn man sich selbst gehört, denn man begreift, daß das, was das Selbst war, aus dem Kopf dieses Unbegrenzten, des Unendlichen, stammt und daß man es bald erblicken wird. Man fühlt sich wie in einer brausenden Woge, von der ununterbrochen nach allen Seiten ein Prasseln ausgeht. Dinge, gleichsam aus dem hervorgegangen, was die eigne Milz, die eigne Leber, das eigne Herz oder die eignen Lungen waren, lösen sich unausgesetzt ab und platzen in dieser Atmosphäre zwischen Gas und Wasser, die die Dinge aber offenbar an sich zieht und ihnen befiehlt, sich zu sammeln.

Was aus meiner Milz oder aus meiner Leber kam, hatte die Form von Buchstaben eines uralten, geheimnisvollen Alphabetes, das von einem riesigen, aber grauenhaft zusammengepreßten, stolzen, *unlesbaren* Mund gekaut wurde, der seine Unsichtbarkeit eifrig hütete; und diese Zeichen wurden kreuz und quer durch den Raum gefegt, während mir war, als stiege ich in ihm auf, aber nicht ganz von selbst. Mit Hilfe einer ungewöhnlichen Kraft. Doch viel freier, als wenn ich auf der Erde allein war.

Dann erhob sich plötzlich etwas wie ein Wind, und die Räume wichen zurück. Auf der Seite, wo meine Milz war, tat sich eine ungeheure Leere auf, die sich graurosa färbte wie das Meeresufer. Und tief in dieser Leere wurde der Umriß einer gestrandeten Wurzel sichtbar, etwas wie ein J mit drei Ästen am oberen Ende, und darüber ein E, traurig und glitzernd wie ein Auge. Flammen drangen dem J aus dem linken Ohr, zogen hinter ihm vorbei und schienen alle Dinge nach rechts zu treiben, auf die Seite, wo meine Leber war, aber ein ganzes Stück über ihr. Dann sah ich nichts mehr, und alles verging, oder ich verging und kehrte in die gewöhnliche Wirklichkeit zurück. Jedenfalls hatte ich offenbar Ciguris Geist selbst erblickt. Und ich glaube, das sollte einer *gemalten* transzendentalen Vorstellung letzter und höchster Wirklichkeit objektiv entsprechen; und die Mystiker machen wohl ähnliche Zustände und Bilder durch, bevor sie der Formel gemäß die allerletzte Glut und Zerrissenheit erreichen, wonach sie wahrscheinlich unter der Umarmung Gottes zusammenbrechen wie Nutten in den Armen ihres Zuhälters.

Das hat mich auf ein paar Gedanken über die psychische Wirkung des Peyotl gebracht.

Der Peyotl führt das Ich zu seinen wahren Quellen zurück. Wenn man einen solchen visionären Zustand erfahren hat, ist es ausgeschlossen, daß man wie zuvor die Lüge mit der Wahrheit verwechselt. Man hat gesehen, woher man kommt und wer man ist, und man zweifelt nicht mehr an dem, was man ist. Es gibt keine Emotionen und keinen äußeren Einfluß mehr, die einen davon ablenken könnten.

Und die ganze Kette geiler Trugbilder, die das Unbewußte projiziert, kann den wahren Atem des MENSCHEN nicht mehr schikanieren, und zwar einfach deshalb, weil der Peyotl DER MENSCH ist, der nicht geboren, sondern ANGEBOREN ist, und weil mit ihm das gesamte atavistische und personale Bewußtsein wachgerufen und untermauert wird. Es weiß, was ihm bekommt und was ihm nichts nützt: also auch, welche Überlegungen und Empfindungen es ohne Gefahr, ja *mit Vorteil* aufnehmen kann und welche seiner Bewegungsfreiheit abträglich sind. Es weiß vor allem, bis wohin sein Wesen reicht und bis wohin *es noch nicht gegangen ist* ODER NICHT DAS RECHT HAT, ZU GEHEN, WEIL ES SONST INS UNWIRKLICHE, TRÜGERISCHE, UNERSCHAFFNE, UNBEREITETE VERSINKT.

Seine Träume für Realitäten halten – der Peyotl wird einen nie so absinken lassen –, heißt Wahrnehmungen, die man unbeständigen, rohen, noch unreifen, aus dem halluzinatorischen Unbewußten noch nicht aufgetauchten Niederungen entliehen hat, mit den Bildern und Emotionen des Wahren verwechseln. Denn im Bewußtsein ist das *Wunderbare*, mit ihm gelangt man über die Dinge hinaus. Und der Peyotl sagt uns, wo es sich befindet und nach welchen ungewöhnlichen Konkretionen eines atavistisch verdrängten und *verstopften* Atems das Phantastische seine Phosphoreszenzen, sein Aufstäuben im Bewußtsein entwickeln und erneuern kann. Und dieses Phantastische ist von edler Abkunft, seine Unordnung ist nur Schein, in Wirklichkeit gehorcht es einer Ordnung, die sich im Geheimen und auf einer Ebene herausbildet, die das normale Bewußtsein nicht erreicht, die wir aber mit Ciguris Hilfe erreichen und die das eigentliche Geheimnis aller Poesie ist. Doch es gibt im menschlichen Wesen eine andere Ebene, jene düstere, formlose, die in das Bewußtsein nicht eingedrungen ist, sondern von der es je nach den Umständen wie von einer ungeklärten Fortsetzung oder einer Drohung umringt ist. Eine Ebene, die gleichfalls abenteuerliche Empfindungen, Wahrnehmungen freisetzt. Das sind die schamlosen Trugbilder, die das kranke Bewußtsein befallen. Es gibt sich ihnen hin und geht völlig in ihnen auf, wenn es nicht etwas findet, was es davor zurückhält. Und der Peyotl ist die einzige Schranke, auf die das Böse in diesem Bereich des Schreckens stößt.

Auch ich habe falsche Empfindungen und Wahrnehmungen gehabt, und ich habe an sie geglaubt. In den Monaten Juni, Juli, August und noch bis in den vergangenen September hinein habe ich geglaubt, ich sei von Dämonen umgeben, und es kam mir so vor, als sähe ich sie, als nähme ich wahr, wie sie sich um mich scharten. Um sie zu verjagen, wußte ich mir nicht anders zu helfen, als indem ich bei jeder Gelegenheit über allen Stellen meines Körpers oder des Raumes, wo ich sie zu entdecken glaubte, das Kreuz schlug. Ich schrieb auch auf irgendwelche Papierfetzen oder Bücher, die mir gerade in die Hand kamen, Beschwörungen, die sowohl in literarischer als auch in magischer Hinsicht nicht viel taugten, denn was man in diesem Zustand schreibt, ist nur noch Bodensatz, Verzerrung oder vielmehr *Nachahmung* der erhabenen Einsichten des LEBENS. Ende September sind diese bösen Ideen, diese falschen Ideen, diese in sich selbst nicht stichhaltigen, zwanghaften Wahrnehmungen allmählich verschwunden, im Oktober blieben sie fast völlig aus. Seit dem 15. oder 20. November habe ich gespürt, daß wieder Energie und Klarheit in mich einkehrten. Ich habe vor allem gespürt, daß mein Bewußtsein endlich frei war. Keine irrige Empfindung mehr. Keine böse Wahrnehmung. Jetzt kommt langsam, aber unaufhaltsam ein immer stärkeres Gefühl der Sicherheit, der inneren Gewißheit in mir auf.

Sollte es in letzter Zeit vorgekommen sein, daß ich mich wie gewisse Kranke gebärdet habe, die an *religiösem Wahn* leiden, so sind das nur noch Überbleibsel bedauernswerter Gewohnheiten, die ich angenommen hatte, weil ich an manches glaubte, was nicht existierte. Wie das zurückströmende Meer vermischte Reste auf dem Sand ablagert, die dann die Winde wegfegen, habe ich seit ein paar Wochen meine ganze Willenskraft darauf geworfen, mich dieser geringfügigen Überbleibsel zu entledigen. Und ich stelle fest, daß sie sich Tag für Tag mehr verlieren.

Auf eins aber haben mich die Peyotl-Priester in Mexiko hingewiesen, und die geringe Menge Peyotl, die ich genommen habe, hat es mir bewußt gemacht. Nämlich daß in der Leber des Menschen jene geheime Alchimie und jene Arbeit im Gange ist, vermöge derer das Ich jedes Individuums auswählt, was ihm paßt, es sich zu eigen macht oder ablehnt unter den Empfindungen, Emotionen, Wünschen, die das Unbewußte in ihm formt und aus denen sich sein Verlangen, seine Anschauungen, sein wahrer Glauben und seine *Ideen* zusammensetzen. An dieser Stelle wird das Ich bewußt, entfaltet sich seine Urteilsfähigkeit und das außerordentliche Unterscheidungsvermögen seiner Organe. Weil *Ciguri* an dieser Stelle das, was ist, von dem, was nicht ist, zu trennen sucht. Die Leber ist also offenbar der organische Filter des *Unbewußten*.

Ich habe ähnliche metaphysische Vorstellungen in den Werken der alten Chinesen gefunden. Und ihnen zufolge ist die Leber der Filter des Unbewußten, die Milz hingegen der physische Respondent des Unendlichen. Das ist übrigens ein anderes Problem.

Doch damit die Leber ihre Funktion erfüllen kann, muß zumindest der Körper gut genährt sein.

Man kann einem Menschen, der seit sechs Jahren in einer Irrenanstalt eingesperrt ist und sich seit drei Jahren nicht mehr sattgegessen hat, eine *okkulte* Beugung des Willens nicht zum Vorwurf machen. Manchmal bekomme ich monatelang nicht ein einziges Stück Zucker oder Schokolade. Und was die Butter angeht, weiß ich überhaupt nicht mehr, wie lange ich schon keine mehr gegessen habe.

Ich bin nach Tisch jedesmal noch hungrig, weil die Rationen jetzt bekanntlich zu knapp sind.

Und vor allem fehlt es an Brot. Vorgestern, am Freitag, habe ich ein Stück Schokolade bekommen, seit acht Monaten hatte ich keine Schokolade mehr gegessen. Ich gehöre nicht zu denen, die sich durch irgendetwas abhalten lassen, ihre Pflicht zu tun, aber man soll mir wenigstens nicht mangelnde Energie vorwerfen in einer Zeit wie dieser, wo die zur Erneuerung der Energie unerläßlichen Bestandteile in der Nahrung, die uns allen vorgesetzt wird, nicht mehr enthalten sind. Und vor allem soll man mich nicht wieder mit Elektroschocks behandeln wegen Schwächen, die ich, und das weiß man sehr wohl, mit meinem eigenen Willen, mit meiner Einsicht und meinem Verstand überwinden kann. Genug, genug und nochmal genug mit diesem Bestrafungstrauma.

Jede Behandlung mit Elektroschocks hat mich in ein Entsetzen gestürzt, das jeweils mehrere Stunden anhielt. Und ich war vor jeder weiteren Behandlung ganz verzweifelt, denn ich wußte, daß ich nun wieder das Bewußtsein verlieren und einen ganzen Tag lang mitten in mir selbst ersticken würde, ohne daß es mir gelang, mich wiederzuerkennen, obwohl ich jeweils genau wußte, daß ich irgendwo war, aber weiß der Teufel wo, und als ob ich *tot* wäre.

Wir sind mit alledem weit entfernt von der Heilung durch Peyotl. Der Peyotl *festigt*, soviel ich gesehen habe, das Bewußtsein und verhindert, daß es sich verirrt und falschen Eindrücken erliegt. Die mexikanischen Priester haben mir genau die Stelle auf der Leber gezeigt, wo *Ciguri*, wo der Peyotl diese synthetische Konkretion erzeugt, die das Gefühl für das wahre und das Verlangen nach ihm bleibend im Bewußtsein behält und diesem die Kraft verleiht, sich dem Wahren hinzugeben und dabei automatisch das übrige abzuwehren.

»Es ist gleichsam«, haben mir die Tarahumaras gesagt, »als kehrte das Skelett von einst zurück vom DÜSTEREN RITUS, NACHT, DIE AUF NACHT STÖSST.«

WILLIAM S. BURROUGHS

Auf der Suche nach Yage

15. April 1953, Hotel Nuevo Regis, Bogota
Lieber Al,
wieder in Bogota. Ich habe eine Kiste voll Yage. Ich habe es probiert und weiß mehr oder weniger, wie es zubereitet wird. Übrigens, es kann sein, daß du in *Exposure* ein Foto von mir siehst. Traf einen Reporter, der gerade reinging, als ich rauskam. Schwul, versteht sich, aber ungefähr so appetitlich wie ein Korb dreckige Wäsche. Nicht einmal nach zwei Monaten im Busch, mein Lieber. Der Kerl klemmt sich den südamerikanischen Kontinent auf der Basis von kostenloser Verpflegung und Beförderung, und wenn er für etwas bezahlt, dann schlägt er einen Rabatt für sich raus, indem er mit dem Zaunpfahl winkt:»Sie können von uns sozusagen zwei Arten von Publicity kriegen, ne gute oder ne schlechte – welche darfs denn sein, Jack?« Was für ein schamloser Schnorrer. Aber was solls, ich bin ja auch nicht besser.

Rückblende: Habe bei dieser zweiten Reise über Cali, Popayan und Pasto nach Macoa mit Interesse festgestellt, daß sich Schindler und die beiden Engländer in Macoa genau so mies fühlten wie ich.

Diesmal wurde ich empfangen wie ein ausländischer Potentat auf Staatsbesuch, weil man von der irrigen Annahme ausging, ich sei ein Vertreter der Texas Oil Company, der inkognito durch die Lande reist. (Gratisbeförderung per Boot und Flugzeug, und Fressen gabs auch umsonst. Die Mahlzeiten wurden in der Offiziersmesse eingenommen, und übernachtet wurde im Haus des Gouverneurs.)

Die Texas Oil Company brachte in dieser Gegend vor ein paar Jahren einige Probebohrungen nieder, fand kein Öl und zog wieder ab. Aber in der Putumayo-Region denken sie noch heute, die Texas Company würde wiederkommen. Sie glauben daran wie an die Wiederkunft Christi. Der Gouverneur erzählte mir, die Texas Company habe zwei Proben entnommen, 80 Meilen voneinander entfernt, und beide Male sei es dasselbe Öl gewesen. Unter Macoa müsse also ein Ölvorkommen mit einer Ausdehnung von 80 Meilen liegen. Die gleiche Geschichte habe ich schon einmal in einer gottverlassenen Gegend von East Texas gehört, wo die Ölgesellschaft ebenfalls rumgebohrt hatte, ohne fündig zu werden. Nur daß dort der Ölteich angeblich 1000 Meilen breit war. Die kaputte Psyche dieser armen Irren ist ein Brei, der sich um den ganzen Globus zieht, genau wie der unterirdische Ölteich. Du kannst ihn anbohren, wo du willst, es kommt überall die gleiche Scheiße hoch.

Der Gouverneur bildet sich ein, sie würden demnächst eine Eisenbahnlinie von Pasto nach Macoa bauen. Und einen Flugplatz. Was in der Tat sehr gelegen käme, denn mit der Putumayo-Region geht es immer mehr bergab. Das Kautschuk-Geschäft ist im Eimer, die Kakaosträucher sind zerfressen von der Trockenfäule, für Rotenon wird seit dem Krieg kein Peso mehr gezahlt, der Boden ist karg, und für einen Export der Erzeugnisse fehlt es an allem. Aber das Kaff ist voll von Geschäftemachern, die ungebrochene Zuversicht mimen, obwohl sie platt auf dem Arsch sitzen. Ungefähr so als würde ich mir einreden, daß die Jungs demnächst durchs Fenster zu mir reinkriechen oder sich unter der Tür durch einen Tunnel graben.

So manchen habe ich, wenn ich blau war, ins Gebet genommen und zu ihm gesagt: »Schau her, es *gibt* hier kein Öl. Deshalb sind die Texaner auch abgezogen. Die kommen nie mehr wieder. Kapiert?« Aber sie konnten es einfach nicht glauben.

Wir besuchten einen Deutschen, der in der Nähe von Macoa eine Finca hat. Die Briten machten sich mit einem indianischen Führer auf die Suche nach wild wachsenden Kakaosträuchern. Ich erkundigte mich bei dem Deutschen nach Yage.

»Ja sicher«, sagte er, »meine Indianer nehmen es alle.« Eine halbe Stunde später hatte ich 20 Pfund Yage-Reben. Kein langer Treck durch den jungfräulichen Dschungel, und kein alter weißhaariger Knacker, der mich begrüßt mit den Worten: »Mein Sohn, ich habe dich erwartet.« Nein, ein netter Deutscher zehn Minuten hinter Macoa.

Der Deutsche besorgte mir dann auch einen Termin beim lokalen Brujo, der mir eine Tasse Yage verabreichen würde (zu diesem Zeitpunkt hatte ich noch keine Ahnung, wie man das Zeug zubereitet).

Der Medizinmann war so um die siebzig. Ein Gesicht so glatt wie der Hintern eines Säuglings. Er hatte so eine leicht verschlagene, gemütliche Art an sich, wie ein alter Junkie. Seine Hütte hatte ein Strohdach, und der Fußboden bestand aus plattgestampfter Erde. Es wurde schon dunkel, als ich zu meinem Yage-Termin bei ihm anrückte. Als erstes wollte er wissen, ob ich ihm eine Flasche mitgebracht hätte. Ich holte eine Literflasche Aguardiente aus meinem Rucksack und gab sie ihm. Er nahm einen tiefen Schluck und gab die Flasche an seinen Helfer weiter. Ich trank nichts, denn ich wollte den Yage-Kick pur genießen. Der Brujo stellte die Schnapsflasche neben sich hin und hockte sich vor eine Schüssel, die er auf einem Dreifuß stehen hatte.

Dahinter war ein aus Holz gezimmerter Heiligenschrein mit einem Bild der Muttergottes, einem Kruzifix, einer Holzschnitzerei, die irgendeinen Geist aus dem Dschungel darstellte, Federn und kleinen verschnürten Päckchen. Der Brujo saß lange Zeit regungslos da. Die Frauen zogen sich hinter einen Bambusvorhang zurück und ließen sich nicht mehr blicken. Der Brujo beugte sich über die Schüssel und begann mit seinen Beschwörungsformeln. Ich verstand zwei Worte, die immer wiederkehrten: »Yage Pintar«. Er fuchtelte mit einem kleinen Besen über der Schüssel herum und machte ein zischendes Geräusch dazu. Damit sollen böse Geister vertrieben werden, die sonst in das Yage reinfahren könnten. Er nahm einen Schluck aus der Flasche, wischte sich über den Mund und machte weiter mit seinem Singsang. Einen Brujo kann man nicht drängen. Schließlich deckte er die Schüssel auf und goß mir etwa einen Fingerhut voll schwarze Flüssigkeit in einen dreckigen roten Plastikbecher. Das Zeug war ölig und phosphoreszierend. Ich trank es in einem Zug runter. Es schmeckte bitter, und ich wußte, mir würde davon schlecht werden. Ich gab dem Medizinmann den Becher zurück, und dann genehmigte sich auch sein Helfer einen Schluck.

Ich saß da und wartete auf eine Wirkung, und beinahe augenblicklich verspürte ich den Impuls, zu sagen: »Das war nicht genug. Ich brauche mehr.« Ich habe bis jetzt zweimal eine Überdosis Junk erwischt, und jedesmal hatte ich kurz davor den gleichen unerklärlichen Impuls. In beiden Fällen sagte ich, noch ehe der Schuß zu wirken begann: »Das war nicht genug. Ich brauche mehr.«

Roy erzählte mir einmal von einem Mann, der frisch aus dem Gefängnis kam und bei ihm in der Bude beinahe gestorben wäre. »Er setzte sich den Schuß und sagte sofort: ›Das war nicht genug.‹ Im nächsten Moment kippte er um und verlor das Bewußtsein. Ich schleppte ihn raus in den Flur und rief einen Krankenwagen. Er kam durch.«

Nach zwei Minuten packte mich ein Schwindelgefühl, und die Hütte fing an, sich vor meinen Augen zu drehen. Es war, als würde man unter einer Äthermaske wegsacken; oder wie wenn man sich schwer betrunken ins Bett legt und alles dreht sich. Blaue Lichtblitze zuckten vor meinen Augen. Die Hütte sah plötzlich sehr archaisch aus, als stehe sie auf einer fernen Insel im Pazifik; die Türpfosten mit Schnitzereien verziert, die an die Köpfe von der Osterinsel erinnerten. Draußen lauerte irgendwo der Helfer. Er hatte ganz eindeutig vor, mich umzubringen. Plötzlich packte mich ein heftiger Brechreiz. Ich stürzte zur Tür und prallte mit der Schulter gegen einen Pfosten. Ich spürte den Aufprall, aber ich empfand keinen Schmerz. Ich konnte mich kaum auf den Beinen halten. Meine Bewegungen waren unkoordiniert. Meine Füße waren so taub, als seien sie aus Holz. Ich hielt mich an einem Baum fest, erbrach einen fürchterlichen Schwall, und dann fiel ich um und blieb hilflos liegen. Hatte am ganzen Körper ein taubes Gefühl, als sei ich in Watte eingepackt. Versuchte immer wieder, dieses taube abgestorbene Gefühl loszuwerden. ›Ich will hier raus‹, sagte ich mir in einer Tour. Dann begann ich blöde und mechanisch zu kichern. Ich kam nicht dagegen an. Immer wieder dieses idiotenhafte sinnlose Kichern. Larven glitten durch die bläulichen Dunstschleier vor meinen Augen und stießen ein widerwärtiges höhnisches Grunzen aus (– die grunzenden Laute waren in Wirklichkeit das Quaken der Frösche in der näheren Umgebung). Ich muß mich sechsmal hintereinander übergeben haben, auf Händen und Knien, immer wieder vom Brechreiz geschüttelt. Ich hörte das Würgen und Röcheln, und es war, als sei das nicht ich sondern ein anderer.

Ich lag neben einem Felsbrocken. Es mußten wohl Stunden vergangen sein. Der Medizinmann beugte sich über mich. Ich sah ihn lange an, ehe ich überzeugt war, daß tatsächlich er es war, der da stand und sagte:»Willst du ins Haus kommen?« Ich sagte nein, und er drehte sich achselzuckend um und ging wieder rein.

Meine Arme und Beine begannen unkontrollierbar zu zucken. Ich griff mit steifen gefühllosen Fingern nach meinen Nembutals. Es dauerte gut zehn Minuten, bis ich das Fläschchen endlich auf hatte und mir fünf Kapseln rausschütteln konnte. Mein Mund war völlig ausgetrocknet, aber irgendwie kriegte ich die Nembutals runter. Die krampfartigen Zuckungen ließen langsam nach, und ich fühlte mich ein bißchen besser und ging zurück in die Hütte. Hatte immer noch die blauen Lichtblitze vor den Augen. Legte mich hin und wickelte mich in eine Decke. Fröstelte wie bei einem Malaria-Anfall. Fühlte mich plötzlich hundemüde. Am nächsten Morgen war ich wieder in Ordnung bis auf ein schlappes Gefühl und einen leichten Rest von Übelkeit. Ich bezahlte den Brujo und ging zu Fuß zurück in die Stadt.

An diesem Tag fuhren wir alle hinunter nach Puerto Assis. Schindler beklagte sich immer wieder, wie sehr es mit dem Putumayo in den zehn Jahren, seit er zum letztenmal hier war, bergab gegangen sei.»Eine botanische Expedition wie die hier habe ich noch nie gemacht«, sagte er.»All diese Farmen und diese *Leute*. Man muß meilenweit marschieren, bis man überhaupt mal in den Dschungel kommt.«

Schindler hatte zwei Assistenten dabei, die ihm sein Gepäck schleppten, Bäume fällten und Pflanzenproben preßten. Der eine war ein Indianer aus der Vaupes-Region, wo man das Yage anders zubereitet als bei den Kofan Indianern vom Putumayo. Die

Kofan hacken die Yage-Rebe in 20 cm lange Stücke und nehmen ungefähr fünf solche Stücke pro Person. Die Stücke werden mit einem Felsbrocken zerstampft, und dann werden sie aufgekocht mit zwei Handvoll Blättern von einer Pflanze, bei der es sich vermutlich um *ololiqui* handelt. Diese Mixtur wird mit ein bißchen Wasser den ganzen lang Tag gekocht, und am Ende bleibt ein knapper Zehntelliter Flüssigkeit übrig.

In der Vaupes-Region nimmt man ein etwa 90 cm langes Stück und schabt die Innenseite der Rinde ab. Das ergibt reichlich eine doppelte Handvoll Fasern. Die Fasern werden mehrere Stunden lang in einem Liter kaltes Wasser eingeweicht, dann wird die Flüssigkeit durch ein Sieb gegossen und über einen Zeitraum von einer Stunde getrunken. Bei der Zubereitung werden hier keine weiteren Pflanzen verwendet.

Ich beschloß, ein bißchen Yage à la Vaupes zu probieren. Der Indianer und ich nahmen uns eine Rebe vor und schälten mit unseren Macheten die Rinde ab (die Fasern an der Innenseite sind am gehaltvollsten). Das nasse Faserzeug ist zunächst weiß, doch sobald es mit der Luft in Berührung kommt, verfärbt es sich beinahe augenblicklich rot. Die Töchter der Puffmutter vom Hotel sahen uns zu, zeigten mit den Fingern auf uns und kicherten. Das ist strikt gegen das Putuyamo-Protokoll für die Zubereitung von Yage. Frauen, so hatte mir der Brujo in Macoa erklärt, dürften dabei nicht zusehen, sonst werde das Yage auf der Stelle schlecht, und wer das Zeug trinke, werde entweder vergiftet oder mindestens wahnsinnig. Der alte Humbug von wegen ›Frauen sind schmutzig und unter gewissen Umständen sogar giftig‹. Ich sagte mir, dies sei eine gute Gelegenheit, um dem Mythos von der weiblichen Verschmutzungsgefahr ein für allemal auf den Grund zu gehen, nachdem mir hier sieben weibliche Wesen über die

Schulter sahen, mit Zweigen in der Mixtur herumrührten, das Yage befingerten und dazu kicherten.

Der kalte Aufguß hat eine hellrote Farbe. Am Abend trank ich einen Liter davon, auf einen Zeitraum von einer Stunde verteilt. Abgesehen von blauen Lichtblitzen und einer leichten Übelkeit (die allerdings nicht zu Erbrechen führte) glich die Wirkung in etwa der von Marihuana. Lebhafte bildliche Assoziationstätigkeit, Stimulation des Lustempfindens, unfreiwilliges blödes Kichern. Es traten bei dieser Dosierung weder Angstzustände noch Halluzinationen auf, und ich verlor auch nicht die Gewalt über meinen Körper. Ich schätze, daß die Dosis etwa ein Drittel von dem war, was mir der Brujo verabreicht hatte.

Am folgenden Tag ging es flußabwärts nach Puerto Espina, wo uns der Gouverneur in seinem Haus unterbrachte (d.h. wir kriegten ein paar leerstehende Zimmer unterm Dach, wo wir unsere Hängematten aufspannen konnten). Zwischen den Kolumbianern und Briten kam eine frostige Atmosphäre auf, als die Kolumbianer morgens einfach nicht den Hintern aus der Matte kriegten und die Briten sich daraufhin beschwerten, die Arbeit der Kakao-Kommission werde hier von ein paar »stinkfaulen Kanaken« sabotiert.

Jeden Morgen wollen wir frühzeitig zu unserem Trip in den Dschungel aufbrechen. Gegen 11 Uhr beenden die Kolumbianer ihr Frühstück (wir anderen hängen schon seit 8 herum und warten), und jetzt beginnen sie sich nach einem inkompetenten Führer umzusehen, vorzugsweise jemand mit einer Finca in der Nähe der Stadt. So gegen 13 Uhr treffen wir in der Finca ein, und die nächste halbe Stunde geht mit Mittagessen drauf. Dann sagen die Kolumbianer: »Die sagen hier, bis zum Dschungel ist es noch weit. Ungefähr drei Stunden. Das schaffen wir heute nicht mehr.« Also wieder zurück in die Stadt, und unterwegs sammeln die Kolumbianer einen Haufen Pflanzenzeug auf. »Solange die irgendwelches Unkraut aufsammeln können, ist ihnen alles andere scheißegal«, sagte einer der Engländer zu mir, als wir wieder einmal von einer Expedition zur nächstgelegenen Finca zurück waren.

Aus Puerto Espina sollte man angeblich per Flugzeug rauskommen können. Schindler und mir war mittlerweile sehr daran gelegen, wieder nach Bogota zurückzukehren. Wir sitzen also da in Puerto Espina und warten auf dieses Flugzeug, und der Mann von der Fluggesellschaft hat kein Funkgerät und auch sonst keine Möglichkeit, um festzustellen, wann das Flugzeug ankommt (falls es überhaupt je ankommt), und er sagt: »Jungs, ich schwörs euch beim Arsch des Propheten – eines Tages schaut ihr hoch und da seht ihr die ›Catalina‹ hier übern Fluß kommen und in der Sonne glitzern wie'n Silberfisch.«

Da sag ich also zu Doc Schindler: »Wir können hier rumsitzen und Domino spielen, und bis dieses verstunkene Flugzeug hier eintrudelt, sind wir alt und tattrig. Und der Fluß steigt jeden Tag höher, und wie sollen wir den raufkommen, wenn in Puerto Espina jeder Außenbordmotor im Eimer ist?«

(Die Besitzer dieser Apparate murksen hier ständig an den Dingern herum, nehmen sie auseinander und schmeißen alles weg, was sie für unwichtig halten, so daß hier nie ein Motor läuft. Die Bootsbesitzer verfügen über den Erfindungsreichtum eines Rube Goldberg und bringen es immer wieder fertig, dem Motor noch ein paar allerletzte Umdrehungen zu entlocken – aber wir wollten ja schließlich fluß*aufwärts*. Den Fluß runter kommst du immer, egal ob der Motor läuft oder nicht, aber flußaufwärts gehts nicht ohne irgendeine Form von Antrieb.)

Sicher, zuerst findet man es vielleicht ganz romantisch, aber warte mal, wie es nach fünf Tagen aussieht, wenn du dir den

Arsch wundgescheuert hast und in Indianerhütten pennst und Yoka frißt und immer wieder dieses undefinierbare Fleisch, das aussieht wie der geräucherte Pansen eines vergrätzten Paarhufers, und die ganze Nacht hörst du sie an diesem Motor rumpfuschen – sie haben ihn draußen auf der Veranda angeschraubt – ›buuuuurt spluuuu...ut..... spluuuu...ut‹, immer wieder springt er an und säuft wieder ab, und du kriegst die ganze Nacht kein Auge zu. Und dann fängt es an zu regnen, und am Morgen wird der Fluß wieder ein Stück gestiegen sein.

Also sag ich zu Schindler: »Doc, eher schwimm ich auf'm Floß zum Atlantik runter, als daß ich nochmal diesen verschissenen Fluß raufmache.«

Und er sagt: »Bill, ich hab nicht 15 Jahre in diesem mistigen Land abgerissen und im Dienste der Wissenschaft sämtliche Zähne verloren, ohne mir das eine oder andere zu merken. Also: da unten in Puerto Leguisomo haben sie Miltärflugzeuge, und ich weiß zufällig, daß der Commandante ein Latah ist.« (Latah ist ein Zustand, den man in Südostasien antrifft. Wenn einer Latah ist, führt er – obwohl ansonsten ganz normal – wie unter Zwang jeden Befehl aus, den man ihm gibt. Man braucht ihn nur auf sich aufmerksam zu machen, indem man ihn antippt oder beim Namen ruft.)

Schindler setzte sich also nach Puerto Leguisomo ab, während ich in Puerto Espino auf meinen Rückflug mit denen von der Kakao-Kommission wartete. Jeden Tag rückte ich bei dem Typ von der Fluggesellschaft an, und jedesmal tischte er mir wieder den gleichen Bullshit auf. Er zeigte mir eine fürchterliche Narbe auf seinem Rücken. »Machete«, sagte er. Zweifellos von einem verzweifelten Bürger, den die endlose Warterei auf sein Flugzeug so zermürbt hatte, daß er durchdrehte.

Die Kolumbianer und die von der Kakao-Kommission machten einen Abstecher zum San Miguel, und ich war allein in Puerto Espino und genoß den grauenhaft fetten Fraß im Haus des Commandante. Reis und gebackene Platano-Kuchen, und das dreimal am Tag. Ich ging dazu über, die Platanos unauffällig in meine Taschen zu stopfen und später wegzuschmeißen. Der Commandante erwähnte immer wieder, wie sehr Schindler das Essen in seinem Hause schätze – (Schindler ist ein alter Hase, was Südamerika angeht; er kann einem wirklich was erzählen) – ob es mir auch schmecke? »Hervorragend«, sagte ich dann immer mit ersterbender Stimme. Nicht genug damit, daß ich sein fettiges Zeug runterwürgen muß – ich muß auch noch sagen, daß es mir schmeckt.

Der Commandante wußte von Schindler, daß ich ein Buch über ›Marihuana‹ geschrieben hatte. Von Zeit zu Zeit sah ich in seinen stumpfen verschleimten Augen ein deutliches Mißtrauen aufflackern.

»Marihuana degeneriert das Nervensystem«, sagte er und schaute von einem Teller Platanos hoch.

Ich sagte ihm, er müsse dringend mal Vitamin B1 nehmen, und er sah mich an, als habe ich ihm ein Rauschgift empfohlen.

Der Gouverneur begegnete mir äußerst kühl und ungnädig, nachdem ein Benzinkanister der Kakao-Kommission auf seiner Veranda ausgelaufen war. Ich rechnete jeden Augenblick damit, aus seinem Palast evakuiert zu werden.

Die Kakao-Kommission und die Kolumbianer kamen vom San Miguel zurück, und das Zerwürfnis war mittlerweile total. Die Kolumbianer hatten eine Finca entdeckt und dort drei Tage lang im Schlafanzug auf der faulen Haut gelegen. In Abwesenheit von Schindler war ich der einzige Puffer zwischen den beiden verfeindeten Parteien, und jede hatte mich im Verdacht, insgeheim auf der Seite der anderen zu stehen (ich hatte mir von einem der Kolumbianer eine Flinte geborgt, fuhr aber im Boot der Kakao-Kommission mit).

Wir fuhren den Fluß hinunter nach Puerto Leguisomo, wo uns der Gouverneur auf einem Kanonenboot unterbrachte, das auf dem Putumayo vor Anker lag. Von Kanonen war allerdings nichts zu sehen. Ich nehme an, sie benutzten das Ding als schwimmendes Hospital.

Das Schiff war dreckig und verrostet. Die Wasserleitung funktionierte nicht, und das WC befand sich in einem unaussprechlichen Zustand. Die kolumbianische Flotte ist restlos verschlampt. Würde mich nicht wundern, wenn ich erleben müßte, daß einer aufs Deck scheißt und sich den Arsch mit der Nationalflagge abwischt. (Das kam mir in einem Traum, in dem ein altertümliches Englisch aus dem 17. Jahrhundert gesprochen wurde. »Die englischen und französischen Delegierten schissen auf den Fußboden, und sie rissen den Vertrag von Sevilla in Streifen und wischten sich damit in ausgelassener Fröhlichkeit ihre Hinterteile ab, worauf der spanische Delegierte, als er dies gewahr wurde, die Konferenz verließ.«)

Puerto Leguisomo ist benannt nach einem Soldaten, der sich 1940 im Krieg gegen Peru auszeichnete. Ich fragte einen Kolumbianer danach, und er nickte und sagte: »Ja, Leguisomo war ein Soldat, der im Krieg was Großes geleistet hat.«

»Was denn?«

»Na, *irgendwas*.«

Der Ort sieht aus, als habe er gerade eine Überschwemmung hinter sich. Verrostete Maschinen liegen verstreut in der Gegend herum. Riesige Schlammpfützen mitten in der Stadt. Unbeleuchtete Straßen, auf denen man bis zu den Knien einsinkt.

Vor blau gekachelten Cantinas hocken die fünf Nutten der Stadt. Die jungen Kerle von Puerto Leguisomo drängen sich um sie herum mit der regungslosen und lauernden Konzentration von läufigen Katern. Die Nutten, umtost vom Lärm der Jukebox-Musik, sitzen an den schwülen Abenden unter einer einsamen nackten Glühbirne da und warten.

Als ich mich in der Umgebung von Puerto Leguisomo umhörte, stellte sich heraus, daß Yage von den Eingeborenen wie von den Weißen regelmäßig genommen wird. Fast jeder zieht sich das Zeug in seinem Gemüsegarten.

Nach einer Woche in Leguisomo erwischte ich einen Flug nach Villavencenio, und von dort fuhr ich mit dem Bus nach Bogota.

Und da sitze ich also wieder einmal in Bogota. Es ist kein Geld für mich da (der Scheck wurde anscheinend geklaut), und ich muß mich durchschnorren, indem ich mir den Alkohol für meine Drinks aus dem Labor der Universität zusammenstehle, wo ich als durchreisender Wissenschaftler freien Zutritt habe.

Habe mir im Institut die relativ einfache Prozedur erklären lassen, wie man die Yage-Alkaloide aus der Rebe extrahiert. Meine Experimente mit diesem Yage-Extrakt haben allerdings zu keinem schlüssigen Ergebnis geführt. Ich kriegte keine blauen Lichtblitze, und es kam auch nicht zu einer spürbaren Steigerung der bildlichen Vorstellungskraft. Konnte jedoch eine aphrodisierende Wirkung feststellen. Der Extrakt macht mich schläfrig, während die frischen Fasern anregend wirken und in zu hoher Konzentration zu Krämpfen und Vergiftungserscheinungen führen.

Jeden Abend gehe ich in ein Café, bestelle mir eine Flasche Pepsi Cola und kippe meinen Alkohol aus dem Labor rein. Die Bevölkerung von Bogota lebt in Cafés. Es gibt unzählige, und sie sind immer gerammelt voll. Die Standardkluft der Café-Society von Bogota besteht aus einem Gabardine-Trenchcoat plus selbstverständlich Anzug mit Krawatte. Einem Südamerikaner kann der Arsch aus der Hose hängen, aber einen Schlips hat er immer um. Bogota wirkt im Grunde wie eine Kleinstadt, wo man ängstlich auf seine Garderobe achtet und den Eindruck zu erwecken versucht, als bekleide man einen wichtigen Posten. Ich saß in einem dieser schnieken Cafés, als mich ein Junge ansprach, der einen verdreckten hellgrauen Anzug trug, den er mit einem ausgefransten Schlips krampfhaft aufzubessern suchte. Er fragte mich, ob ich Englisch spreche.

»Fließend«, sagte ich, und er setzte sich zu mir an den Tisch. Ehemaliger Angestellter der Texas Company. Offensichtlich schwul. Blond, sah aus wie ein Deutscher, europäisches Gebaren. Wir zogen durch mehrere Cafés. Er machte mich auf diverse Leute aufmerksam und sagte jedesmal: »Der will nichts mehr von mir wissen, seit ich keine Arbeit mehr habe.«

Die Leute, korrekt gekleidet und auf Etikette bedacht, sahen auch tatsächlich weg, und manche ließen sich sogar die Rechnung kommen und verließen das Lokal. Ich kann mir nicht vorstellen, daß der Junge in einem 200-Dollar-Anzug auch nur eine Spur weniger schwul ausgesehen hätte.

Eines Abends saß ich in einem Stammlokal der Liberalen. Drei Typen von einem zivilen Rollkommando der Konservativen kamen herein und brüllten »Viva los Conservadores«! Wollten anscheinend sehen, ob sich jemand provozieren ließ, so daß sie ihn umnieten konnten. Der eine war eine großmäulige Type in mittleren Jahren. Die beiden anderen hockten sich hin und ließen ihn das Brüllen besorgen. Sie waren jünger, Typ Laufbursche und Eckensteher und Kleinkrimineller. Schmale Schultern, spitznäsige Visagen, straffe rote Haut, schlechte Zähne. Es war fast wie im Film.

Die beiden jungen Ganoven sahen ein bißchen betreten drein, als würden sie sich schämen wie der junge Mann in dem Limerick, der sagt: »Ich gebe zu, ich hab was von nem kleinen blöden Scheißer.«

Alle standen auf, verlangten die Rechnung und gingen, und der großmäulige Typ brüllte sein »Viva El Partido Conservador!« vor leerem Haus.

Wie immer,
Bill

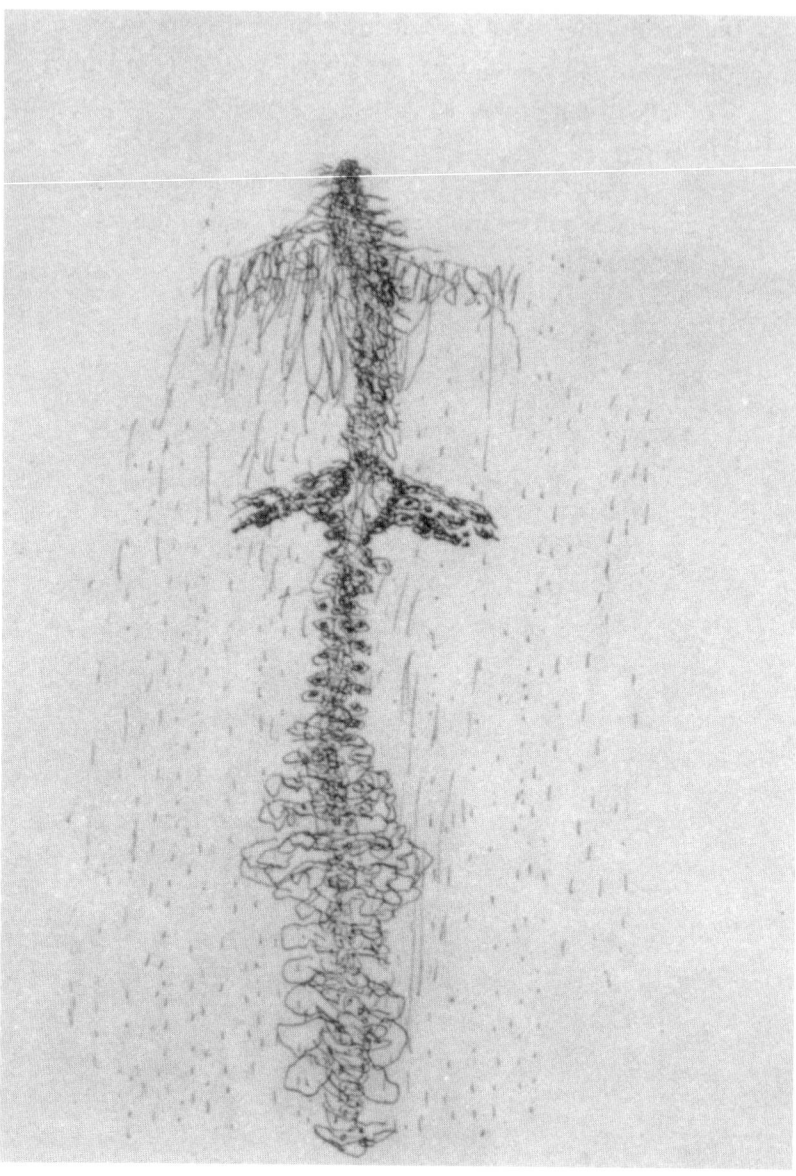

HENRI MICHAUX

Unseliges Wunder – Das Meskalin

Dies ist eine Forschungsreise. Mit Hilfe von Wörtern, Zeichen und Zeichnungen. Erforscht wird das Meskalin.

Allein schon das Schriftbild der hier abgebildeten fünfundzwanzig Seiten von insgesamt hundertundfünfzig, die im Verlauf innerer Störungen niedergeschrieben wurden, wird denjenigen, die Handschriften lesen können, mehr sagen als irgendeine Beschreibung.

Was die Zeichnungen angeht, die unmittelbar nach der dritten Erfahrung begonnen wurden, so verdanken sie ihre Entstehung einer Vibration, die tagelang sozusagen automatisch und blindlings anhielt, als solche jedoch die gehabten Visionen genau wiedergibt, durch sie hindurch wieder zum Vorschein kommt.

Angesichts der Unmöglichkeit, das Manuskript vollständig abzudrucken, das auf direkte Art und Weise sowohl den Gegenstand, die Rhythmen, die Formen, das Chaos als auch die innere Gegenwehr samt ihren Zerreißungen vermittelte, ergaben sich große Schwierigkeiten hinsichtlich der mangelnden Flexibilität der Typographie. Der ursprüngliche Text, eher sensibel als leserlich, ebenso Zeichnung wie Schrift, erwies sich nicht unbedingt als zufriedenstellend.

Schwungvoll hingeworfen, ruckweise, auf und quer über die Seite, sausten die abgebrochenen Sätze mit ihren fliegenden, ausgefransten, verzerrten Silben von dannen, kamen zu Fall und erstarben. Ihre Fetzen wurden wieder lebendig, machten sich von neuem auf, flitzten davon, zerplatzten wieder. Ihre Buchstaben verflüchtigten sich oder lösten sich in Zickzackformen auf. Die folgenden, ebenso unzusammenhängenden, setzten auf gleiche Weise ihren verworrenen Bericht fort, Vögel eines Dramas, denen unsichtbare Scheren im Fluge die Schwingen stutzten.

Manchmal kam es auf der Stelle zu Verwachsungen von Wörtern. Zum Beispiel ging mir »martyrissiblement« wieder und wieder durch den Sinn, was mir viel sagte und wovon ich nicht loskommen konnte. Ein andres wiederholte unermüdlich »Krakatoa! Krakatoa! Krakatoa«, oder ein ganz gewöhnliches wie »Kristall« tauchte zwanzigmal hintereinander auf und hielt ganz allein, im Auftrag einer anderen Welt, eine großartige Ansprache für mich, ohne daß es mir gelungen wäre, es nur um einen Deut zu vermehren oder durch ein anderes zu vervollständigen. Einsam wie ein Schiffbrüchiger auf einer Insel, war es mein ein und alles, aber auch der wildbewegte Ozean, aus dem es gerade auftauchte und den es dem Schiffbrüchigen, der ich ja gleichfalls war, einsam und Widerstand leistend im Scheitern, in Erinnerung rief.

Bekleckst von Helligkeiten, taumelte ich im ungeheuren Butterfaß aus Lichtern trunken und hingerissen voran, nie zurück.

Wie soll man das zum Ausdruck bringen? Es hätte dazu einer holprigen Ausdrucksweise voller Überraschungen und Gedankensprünge bedurft, über die ich nicht verfüge, bestehend aus Eingebungen des Augenblicks, aus Sprüngen und Rückwirkungen, eines labilen Stils, vergleichbar einer Rutschpartie von Pavianen.

Die eher mit Kürzeln als mit Überschriften versehenen Ränder der Buchseiten bringen auf höchst unzureichende Art und Weise die *Überschneidungen* zum Ausdruck, ein Phänomen, das beim Meskalin allgegenwärtig ist und das, wenn nicht vorhanden, sich so auswirkt, als sei von etwas anderem die Rede. Weitere

»Kunstgriffe« habe ich nicht angewandt. Zu viele wären nötig gewesen. Die unüberwindlichen Schwierigkeiten rühren vom unerhörten Tempo des Erscheinens, Sich-Wandelns und Verschwindens der optischen Eindrücke her; von der Mannigfaltigkeit und dem Gewimmel eines jeden von ihnen; von den fächer- und doldenförmigen Entfaltungen in selbständigen, unabhängigen, gleichzeitigen Reihungen (gewissermaßen auf sieben Bildschirmen); von ihrem gefühlsarmen Habitus; von ihrem albernen und, schlimmer noch, mechanischen Erscheinungsbild: Feuerstöße von Bildern, Feuerstöße von »Ja« und »Nein«, Feuerstöße stereotyper Bewegungen.

Auch war ich nicht neutral, dafür verteidige ich mich nicht. Das Meskalin und ich, wir lagen öfter im Streit, als daß wir einträchtig waren. Ich fand mich gebeutelt, gebrochen, aber ich machte nicht mit.

Vom Kitschigen, seinem Spektakel. Es genügte schon, sich die Augen zu reiben, damit das törichte Märchenspiel verschwand.

Das unharmonische Meskalin, dieses Alkaloid des Peyotl, der ihrer sechs enthält, machte den Eindruck eines Roboters. Es verstand sich nur auf bestimmte Dinge.

Trotzdem hatte ich mich aufs Bewundern eingestellt. Ich war vertrauensvoll gekommen. An diesem Tage hatte man meine Zellen umgerührt, man hatte sie gerüttelt und geschüttelt, sabotiert und in konvulsivische Zuckungen versetzt. Man hatte ihnen Streicheleinheiten verpaßt, sich ihretwegen Trennungsschmerzen hingegeben. Ich sollte ganz und gar willfährig sein. Um an einer Droge Gefallen zu finden, muß man Lust an der Unterwerfung haben. Ich empfand eher, daß ich »dran war«.

Aus *meinen* gräßlichen Erschütterungen gestaltete *sie* ihr Spektakel. Ich war das Feuerwerk, das den Feuerwerker verachtet, selbst wenn man ihm beweist, daß es selbst der Feuerwerker ist. Ich wurde aufgestört, wurde kratzbürstig. Verblüfft fixierte ich eine Brownsche Bewegung, panische Angst der Wahrnehmung. Ich war zerstreut, ermüdet von der Zerstreuung, durch dieses Mikroskop zu blicken. Was sollte da Übernatürliches dran sein? Des Menschen begab man sich da kaum. Eher fühlte man sich gefangen, ein Gefangener in der Werkstatt des Hirns. Soll man es angenehm nennen? Es war unangenehm.

Ist die Angst der ersten Stunde vorbei, Ergebnis der Konfrontation mit dem Gift, eine derartige Angst, daß man sich fragt, ob man nicht in Ohnmacht fällt, wie es einigen, allerdings wenigen, tatsächlich geschieht, so kann man sich einem gewissen, möglicherweise dem Glück ähnlichen Strom überlassen. Bin ich dieses Glaubens gewesen? Vom Gegenteil bin ich nicht überzeugt. Immerhin finde ich, nie dagewesene Stunden lang, in meinem Tagebuch mehr als fünfzigmal folgende linkisch, ja mühsam niedergeschriebene Wörter: *Unerträglich, unausstehlich.*

Das ist der Preis für dies Paradies (!)

Mit dem Meskalin
Von großem Unbehagen, von Angst erfüllt, von innerer Feierlichkeit. – Die Welt geht auf Distanz, auf wachsende Distanz. – Jedes Wort wird dicht, allzu dicht, um noch ausgesprochen zu werden, Wortfüllig in sich, Wort in einem Nest, während das Prasseln des Holzfeuers im Kamin zur einzigen Anwesenheit wird, zur bedeutsamen, beunruhigenden, in ihren Regungen seltsamen ... In Erwartung, in einer Erwartung, die jede Minute lastender, stutziger, unsäglicher, schmerzlicher zu ertragen ist ... und bis zu welchem Punkt wird man sie ertragen können?

In einem dunklen Zimmer nach Einnahme einer 3/4 Ampulle von 0,1 gr. Meskalin

....

In der Ferne, vergleichbar dem leisen Pfeifen der Brise in den Wanten, das den Sturm ankündigt, ein Schauder, ein Schauder gleichsam ohne Fleisch, ohne Haut, ein abstrakter Schauder, ein Schauder in einer Werkstatt des Hirns, in einer Zone, wo man nicht in Schaudern erschauern kann. Worin wird sie denn dann erschauern?

Schauder Schauder ziehende Schmerzen

....

Als wenn es eine Öffnung gäbe, eine Öffnung, die Sammlung wäre, die eine Welt wäre, die wäre, daß etwas passieren kann, daß sehr viel passieren kann, daß es Mengen gibt, daß es Gewimmel im Möglichen gibt, daß alle Möglichkeiten von Gewusel befallen sind, daß die Person, die ich undeutlich nebenan gehen höre, klingeln könnte, hereinkommen könnte, Feuer legen könnte, aufs Dach klettern könnte, sich heulend aufs Pflaster des Hofes hinabstürzen könnte.

Daß etwas passieren kann daß eine Welt von Dingen passieren kann. Phänomenales Gewimmel von Möglichkeiten die alle dasein wollen, sich drängen, bevorstehen.

könnte
könnte
könnte

*Beginn
innerer Bilder*

*Messer
lang wie Flugbahnen*

*Rasch
pflügen blitzende
Messer die Leere*

*Martyrium
der großen Abstände*

*Schmerzhafte
Abstände
als ob Zellen in mir
diese schrecklichen
Beschleunigungen
an der Grenze
ihrer eigenen
Elastizität
mitvollziehn würden
(wenn nicht gar
ihre eigenen
Zuckungen
die Ursache
davon sind)*

Alles könnte, gleichviel was, ohne eine Wahl zu treffen, ohne einer ihrer Handlungen den Vorzug zu geben. Was mich nicht sonderlich aufregt. Allein das »könnte« zählt, das gewaltige Anwachsen ungeheuerlich gewordener Möglichkeiten, die sich zudem vervielfachen.

(Die Klänge des Radios oder einer Schallplatte, ob Worte oder Musik, haben nicht den geringsten Einfluß auf uns. Nur das Wirkliche sät aus und bringt hervor.)

*

Plötzlich, zunächst jedoch von einem Wort als Vorhut angeführt, einem Stafettenwort, einem Wort, das mein vor mir alarmiertes Sprachzentrum herausschleudert, das jenen Affen vergleichbar ist, die vor uns Menschen ein Erdbeben spüren, von dem Wort »blendend« angeführt, schlitzt plötzlich ein Messer, schlitzen plötzlich tausend Messer, plötzlich tausend gleißende Lichtsensen, die mit Blitzen eingefaßt und so riesig sind, daß man ganze Wälder mit ihnen niedermähen könnte, den Raum von oben bis unten mit gigantischen Hieben, mit sagenhaft schnellen Hieben auf, die ich im Innern auf schmerzhafte Weise mitvollziehen muß, und zwar mit derselben unerträglichen Geschwindigkeit, auf denselben unmöglichen Höhen und gleich anschließend in denselben abgründigen Tiefen, in immer maßloseren, auseinanderklaffenden, wahnwitzigen Abständen ... und wann wird das vorbei sein ... falls es jemals vorbei sein wird?

Vorbei. Es ist vorbei.

*

Himalajas schießen plötzlich höher empor als das höchste Gebirge, zugespitzte, mit falschen Gipfeln übrigens, schematische Gebirge, die nichtsdestoweniger ebenso hoch sind, gigantische Dreiecke mit immer spitzeren Winkeln, die bis an die äußerste Grenze des Raumes stoßen, alberne, aber doch immense.

Unerträgliche Strecke von der schrecklich hohen Spitze bis zur schrecklich tiefen Basis

Während ich noch dabei bin, diese außergewöhnlichen Berge zu betrachten, dehnen sich auf einmal, im intensiven Anwachsen Platz nehmend, das mich festhält, an den Buchstaben »m« des Wortes »immens«, das ich im Geiste aussprach, die doppelten Auf- und Abstriche dieses unglücklichen »m« wie Handschuhfinger, wie Lassoschlingen, die sich, in gewaltiger Größe, ihrerseits zu den Höhen aufschwingen, Bögen für unvorstellbare barocke Kathedralen, lächerlich gestelzte Bögen auf schmächtig gebliebenen Fundamenten. Grotesk in höchstem Maße.

Überschneidungen Überschneidungen

iMMens terremoto Mens

Bemerkenswerte Wörter mit Buchstaben größer als Viadukte umringt von lebhaftem Silber kitschig schockierend wie Reklame

Genug. Ich habe verstanden. An nichts mehr denken. Nicht mehr denken. Die Leere, und stillschweigen! Keine Vorstellung liefern, kein Stück fürs irre Räderwerk. Doch die Maschine hat bereits wieder ihren Takt mit hundert Bildern pro Minute aufgenommen. Die Himalaja-Maschine hat angehalten, ist dann wieder angesprungen. Große Pflugscharen durchpflügen einen Raum, den das gleichgültig läßt. Ungeheure Pflugscharen pflügen ohne Grund zum Pflügen. Pflugscharen und von neuem die großen Sensen, die das Nichts von oben nach unten niedermähen, in großen Schwüngen, die fünfzig-, hundert-, hundertfünfzigmal wiederholt werden. (Bis die Akkus völlig leer sind.)

Im unaufhörlichen Erdbeben gedenke ich gleichzeitig ungeheuer hochfahrende Erklärungen abzugeben

Ruhig weitermachen lassen, man kann sowieso nichts dran ändern. Die Abstände tun nicht mehr so weh. Sollte ich mich an sie gewöhnen?

Und »Weiß« entspringt. Absolutes Weiß. Reineres Weiß als jedes Weiß. Weiß von der Thronbesteigung des Weiß. Kompromißloses Weiß infolge des Ausschlusses, der totalen Ausschälung des Nicht-Weißen. Wahnwitziges, erbittertes, vor Weiße geradezu schreiendes Weiß. Fanatisch, zornig, Durchsieber der Netzhaut. Fürchterlich elektrisches Weiß, erbarmungsloses, unwiderstehlich. Weiß mit Feuerstößen von Weiß. Gott des »Weißen«. Nein, kein Gott, ein brüllender Affe. (Vorausgesetzt, daß mir die Zellen nicht platzen.) Stop des Weißen. Ich merke, daß Weiß für mich auf lange Zeit etwas Überspanntes haben wird.

. . . .

*

Am Ufer eines tropischen Ozeans, in abertausend Spiegelungen, die das silbrige Licht eines unsichtbaren Mondes hervorruft, zwischen den Wellen des bewegten Wassers, unaufhörlich wechselnd ...

Zwischen lautlosen Brandungen, dem Erzittern der leuchtenden Fläche, im raschen, quälenden Kommen und Gehen von Lichtflecken, im Zerreißen von Locken und Bögen und Linien aus Licht, in den Verdunkelungen, dem Wiedererscheinen, in den tanzenden Lichtreflexen, die sich auflösen und wieder von neuem bilden, sich zusammenziehen und ausdehnen, sich neu verteilen vor mir, mit mir, in mir, dem Ertrunkenen, in einer unerträglichen Zerknitterung, meine

---

Ein Weiß
erscheint, zum
Augenauskratzen,
blitzend
wie ein Schmelzfluß
aus einem
überhitzten
Martinsofen
Wenn
eine Detonation
aus Weiß
bestehen könnte
Weiß
gibt es also
Nur noch
im Funkeln leben

Ein Ozean
ohne Salz, ohne Jod,
geruchlos,
ohne Brise,
ohne zu erfrischen,
ein Ozean für Optiker

Gevierteilt
durch Spiegelungen

Das Meer
wellt sich durch mich

Marter
durch
Wellenbewegungen

Branden
im Nichts

Ruhe tausendfach vergewaltigt von den Zungen der oszillierenden Unendlichkeit, sinusartig überwältigt von der Menge flüssiger Linien, ungeheuer mit tausend Falten, *war ich und war ich nicht,* wurde ich erfaßt und war verloren, war ich von größter Allgegenwart. Das abertausendfache Rascheln zerriß mich tausendfach.

Marter des Labilen, des Unbeständigen, Marter durch schillerndes Kitzeln

*

Gefühl eines Risses. Ich verstecke den Kopf unter einem Schal, um herauszukriegen, was los ist, um die Örtlichkeiten wiederzuerkennen.

hohles Ich ...

Ich sehe eine Furche. Eine Furche voller Spülungen, kleiner, hastiger, querverlaufender. Drin eine Flüssigkeit, glänzend wie Quecksilber, reißend wie ein Sturzbach, von elektrischer Rasanz. Auch könnte man sie für elastisch halten. Pftt, pftt, pftt flitzt sie dahin und läßt zu beiden Seiten unendlich kleine Schauder erkennen. Ich sehe auch, daß sie gestreift ist.

da ist was Sturzbachähnliches da purzelt was da zerspringt was

Wo befindet sie sich genau, diese Furche? Mir ist, als liefe sie durch meinen Schädel, von der Stirn bis zum Sinciput. Trotzdem kann ich sie sehen. Furche ohne Anfang und Ende, die mich oben erreicht und deren durchschnittliche Breite unten wie oben spürbar gleich ist, Furche, von der ich sagen würde, daß sie vom einen Ende der Welt herkommt und durch mich hindurchgeht, um zum anderen Ende der Welt aufzubrechen.

unvergeßliche Furche

Die Hülle meines Körpers (wenn ich an ihn denke oder denken will) wallt locker um sie (wie ist das möglich?), ein riesiger Warmluftballon, der dieses munte-

Ein verlorenes Gespenst lag da. Zweifellos

*ich. Eine Furche
durchquerte
diesen reglosen
Riesen,
während Gewitter,
Dünste,
Einschnitte,
Zerreißungen
dieses
»no man's land«
folterten*

*Elektrisches
Strömen
unsägliche
Übergänge
Gegenströmung
gegenwirkend
gegenhackend*

*zu sehr gerüttelt
zu sehr*

*dieser Felsblock
entspricht
wer weiß was
in mir, der zerbricht,
von neuem zerbricht,
unaufhörlich von
neuem sich
bildet und wieder
zerbricht.
Spaltung
Breschen
Breschen
überall Breschen*

re Rinnsal umschließt; denn wenn ich meinen Körper anschauen möchte, ist diese große Furche nur noch ein Rinnsal, immerhin ein lebhaftes, leidenschaftliches – Champagner und Katze, die kotzt. Riesig viel Platz zwischen meinem Körper und der Furche, die mitten durch ihn hindurchgeht. Manchmal nimmt Leere diesen Platz ein. (Das ist seltsam, ich hielt mich für voll.) Manchmal ist er voller Pünktchen.

Ich enthalte sie also, ausgenommen ihre Enden, die sich in der Ferne verlieren, und trotzdem bin ich sie, es sind meine Augenblicke, die in ihrem kristallischen Fluß dahinfließen. In diesem Fluß geht mein Leben voran. Gebrochen von tausend Brandungen, erfahre ich durch dieses Strömen eine fortwährende Verlängerung in der Zeit. Es könnte zum Stillstand kommen. Vielleicht. Wer seiner ansichtig geworden ist, würde allerdings nicht annehmen, daß es jemals aufhören und mich in Ruhe lassen könnte.

*

Jetzt bin ich vor einem Felsblock. Er spaltet sich. Nein, er ist nicht mehr gespalten. Er ist wie vorher. Von neuem ist er vollständig gespalten. Nein, er ist überhaupt nicht mehr gespalten. Von neuem spaltet er sich. Von neuem ist er nicht mehr gespalten, und das geht unendlich so weiter. Intakter Felsen, dann Spaltung, dann intakter Felsen, dann Spaltung, dann intakter Felsen, dann Spaltung, dann intakter Felsen, dann Spaltung...

*

Pappe jetzt, Pappe, Herstellung von Pappwaren, Herstellung von Pappe, Pappfabrik, Transport von Pappe ... und zu guter Letzt Sturz aus Pappe. (Dokumentarfilm oder Sonate?)

gleichzeitig Risse in einem Sack, eckige unerträglich eckige

Große Platten aus Pappe, größer als Wandschirme, von unangenehm anzusehendem Grau, von einer Textur, die sich unangenehm anfassen muß, werden von Händen, die mir verborgen bleiben, höchst lebhaft hin- und hergerückt.

Zum Teufel mit diesen Pappen! Überhaupt kein Interesse an ihnen!

Der Grund für all diese Pappen? Ich habe soeben eine gewisse Unempfindlichkeit der Lippe und des Oberkiefers festgestellt, Beginn des wohlbekannten Eindrucks (vorm Zahnziehen) eines »pappigen Mundes«.

Hört auf.

*

»Sieh mal an, schon halb eins. Wie ist das möglich? Ich habe noch keine richtigen, leuchtenden Farben gesehen. Vielleicht werde ich gar keine zu Gesicht bekommen.« Unzufrieden wickele ich mich wieder in meinen Schal. Da entspringen anscheinend meiner Überlegung, ausgelöst vom Denken[1] oder durch den Knopfdruck des Wortes, Tausende von Lichtpünktchen und überfallen mich. Ein Branden! Eine Überschwemmung, aber jedes ihrer Farbtröpfchen vollkommen klar zu unterscheiden, isoliert, losgelöst.

Erste Etappe in Richtung farbiger Eindrücke

Aufhören der Überschwemmung.

*

Erscheinen von Farben

Wiederkehr der Überschwemmung........ Was geht da vor sich? Etwas diesen Farben Feindliches? Nichts mehr. Aber sie sind auch nicht etwa abwesend. Oder erlöschen sie jetzt zu rasch, um richtig wahrgenommen zu werden? (Wie ein Stromstoß, der nicht stark, nicht lang genug ist.) Für Augenblicke könnte man sagen, sie seien da. Ganz sicher kein Schauspiel, oder es bedeutet für ein Schauspiel, was »geräuschvoll« für »Geräusch« bedeutet. Bizarrer Umweg.

Geknatter von Farben

Schließlich hört das Zweideutige auf. Diesmal herrscht üppige Farbigkeit. Hundert *Empire State Buildings*, alle Fenster nachts von verschiedenartigen Lichtern erhellt, würden nicht so viele unterschiedliche Farbflecke[2] ergeben, nie dagewesener Bildschirm meines Gesichtsfeldes.

An einer Grenze von mir (die ich zunächst mein »Spitzbergen« getauft hatte) sättigt mich eine unwahrscheinlich große Oberfläche farbiger Knollen.

Halt.

Keinerlei Farbe mehr. Als ob »das« nicht mehr die Kraft aufbrächte, Farbe zu sein.

*

Es ist wieder da, das hebt von neuem an. Die Mechanik kommt wieder in Gang: *Grün!*

*

Grün? Nicht Grün?

Grün. Habe ich es gesehen? Zu flüchtig gesehen? Ich weiß, daß es Grün gibt, daß es Grün geben wird, daß es einen Schub von Grün gibt, daß es Grün gibt, das rasend aufs Dasein zustrebt, ein unwahrscheinliches Grün. Es ist nicht vorhanden und doch in Fülle da (!)

Raus! Es ist raus, vollkommen raus.

Ich bestehe aus grünen Zellen. Grün wie leuchtende Punkte auf dem Rücken eines Skarabäus. Die Zone, die Grün aussendet, ist in mir. Ich bin damit bekleidet, davon ummauert. Ich endige grün. (Eine Art von Smaragdgrün.)

ich sende »grün« aus

Verlöschen des Grüns

*

Eine große, spürbar kreisförmige und gleichsam elastische Platte. Ein Krampf in ihr läßt sie abwechselnd und fast unmerklich sich zusammenziehen und wieder ausdehnen.

Auch ist sie auf gleichsam elastische Weise rosa. Rosa, dann nicht rosa, dann rosa, dann nicht rosa oder kaum rosa gefärbt und dann wieder von höchst kräftigem Rosa. Das Rosa triumphiert. Mannigfache rosenfarbene Knollen kommen zum Vorschein. Immer mehr triumphiert das Rosa. Ich bringe es hervor, ich schäume davon. Ich bekomme rosa Pickel. Ich leide an Beklemmung vor Rosenröte, vor zartem Erröten. Das Geknutsche dieses Rosa ist mir peinlich und widerwärtig.

In der Kloake des Rosa

Hält an.

Uff!

1 Oder umgekehrt: Eine winzige, eine Vor-Empfindung hat den Gedanken ausgelöst.

2 Ich weiß jetzt und werde es bald noch besser wissen, daß die *»vollgestopften«* Zeichnungen gewisser Geisteskranker – wie Dr. Ferdière sich ausdrückt – nicht etwa übertrieben sind, sondern eine *gemäßigte* Ansicht ihres außergewöhnlichen Universums liefern.

ALDOUS HUXLEY

Die Pforten der Wahrnehmung

Würden die Pforten der Wahrnehmung gereinigt,
erschiene den Menschen alles, wie es ist: unendlich.
William Blake

Im Jahre 1886 veröffentlichte der deutsche Pharmakologe Ludwig Lewin die erste systematische Untersuchung über das Gewächs, das später seinen Namen erhielt. *Anhalonium Lewinii* war der Wissenschaft noch unbekannt. Primitiven Religionen und den Indianern Mexikos und des Südwestens von Nordamerika war dieser Kaktus seit undenklichen Zeiten ein guter Freund; tatsächlich mehr als ein Freund, denn, wie ein früher spanischer Besucher der Neuen Welt berichtete, »sie essen eine Wurzel, die sie Peyotl nennen, und sie verehren sie, als wäre sie eine Gottheit«.

Warum sie das taten, wurde klar, als so hervorragende Psychologen wie Jaensch, Havelock Ellis und Weir Mitchell ihre Versuche mit Meskalin, dem Wirkstoff des Peyotl, begannen. Sie gingen freilich nicht so weit, einen Abgott daraus zu machen; aber alle wiesen sie einhellig dem Meskalin einen ganz besonderen Platz unter den Rauschmitteln zu. In geeigneten Dosierungen verabreicht, verändert es die Qualität des Bewußtseins gründlicher und ist dabei weniger toxisch als jede andere Substanz aus dem Fundus der Pharmakologen.

Die Meskalinforschung ist seit Lewin und Havelock Ellis von Zeit zu Zeit immer wieder aufgenommen worden. Es gelang Chemikern nicht nur, das Alkaloid zu isolieren; sie lernten auch, es synthetisch herzustellen, so daß der Vorrat nicht mehr von der spärlichen und nur zeitweiligen Ernte eines Wüstenkaktus abhängt. Psychiater nahmen selber Meskalin, weil sie hofften, dadurch zu einem besseren, aus erster Hand gewonnenen Verständnis der psychischen Prozesse bei ihren Patienten zu gelangen. Psychologen beobachteten, wenngleich leider an zu wenigen Versuchspersonen und unter zu stark eingeschränkten Bedingungen, einige der auffallenderen Wirkungen dieses Präparats und beschrieben sie. Neurologen und Physiologen entdeckten einiges, was Aufschluß über die Wirkung der Droge auf das Zentralnervensystem gab. Und mindestens ein Philosoph nahm Meskalin, um dadurch womöglich Licht in so uralte ungelöste Rätsel zu bringen, wie sie die Fragen darstellen, welche Bedeutung dem Geist in der Natur zukomme und welche Beziehung zwischen Gehirn und Bewußtsein bestehe.

Und dabei blieb es, bis vor wenigen Jahren eine neue und vielleicht höchst bedeutsame Tatsache beobachtet wurde.

In Wirklichkeit hatte sich diese Tatsache schon mehrere Jahrzehnte lang nahezu aufgedrängt; aber wie es sich traf, hatte niemand sie bemerkt, bis einem jungen englischen Psychiater, der gegenwärtig in Kanada arbeitet, die große Ähnlichkeit in der chemischen Zusammensetzung von Meskalin und Adrenalin auffiel. Im Verlauf weiterer Forschungen erwies es sich, daß Lysergsäure, ein äußerst starker, aus Mutterkorn gewonnener Erreger von Halluzinationen, eine strukturelle biochemische Verwandtschaft mit den beiden genannten Substanzen hat. Dann folgte die Entdeckung, daß Adrenochrom, ein Zerfallsprodukt des Adrenalins, viele der beim Meskalinrausch beobachteten Symptome hervorrufen kann. Adrenochrom aber bildet sich im menschlichen

Körper wahrscheinlich von selbst. Mit anderen Worten, jeder von uns ist vielleicht fähig, in sich eine chemische Substanz zu erzeugen, von der, wie man nun weiß, winzige Mengen tiefgreifende Veränderungen des Bewußtseins bewirken. Einige dieser Veränderungen gleichen den bei der Schizophrenie auftretenden – derjenigen Krankheit, die eine der charakteristischsten Heimsuchungen der Menschen im 20. Jahrhundert darstellt. Hat die geistige Störung eine chemische Ursache? Und ist die chemische Störung ihrerseits durch seelische Prozesse bedingt, die auf die Nebennieren einwirken? Eine solche Behauptung wäre voreilig. Wir können noch nicht mehr sagen, als daß ein begründeter Verdacht besteht. Mittlerweile geht man den Anhaltspunkten systematisch weiter nach, und die Detektive – Biochemiker, Psychiater und Psychologen – verfolgen die Spur.

Durch eine für mich äußerst günstige Verknüpfung von Umständen befand ich mich im Frühjahr 1953 auf dieser Spur. Einer der Detektive war beruflich nach Kalifornien gekommen. Trotz der siebzig Jahre lang betriebenen Meskalinforschung war das psychologische Material, das ihm zur Verfügung stand, noch immer in höchstem Maße unzulänglich, und er unternahm den Versuch, es zu erweitern. Ich war zur Stelle und bereit, ja begierig, Versuchskaninchen zu sein. So kam es, daß ich an einem schönen Maimorgen vier Zehntelgramm Meskalin, in einem halben Glas Wasser aufgelöst, schluckte und mich dann hinsetzte, um die Wirkung abzuwarten.

Wir leben miteinander, wir beeinflussen uns gegenseitig und reagieren aufeinander; aber immer und unter allen Umständen sind wir einsam. Die Märtyrer schreiten Hand in Hand in die Arena; gekreuzigt werden sie allein. In ihren Umarmungen versuchen Liebende verzweifelt, ihre jeweilige Ekstase in einer gemeinsamen Transzendenz zu vereinigen – jedoch vergebens. Die Natur verurteilt jeden Geist, der in einem Körper lebt, dazu, Leid und Freud in Einsamkeit zu erdulden und zu genießen. Empfindungen, Gefühle, Einsichten, Einbildungen – sie alle sind etwas Privates und nur durch Symbole und aus zweiter Hand mitteilbar. Wir können Berichte über Erfahrungen austauschen und sammeln, niemals aber die Erfahrungen selbst. Von der Familie bis zur Nation – jede Gruppe von Menschen stellt eine Inselwelt dar, wobei jede Insel ein Weltall für sich bildet.

Die meisten Inseln haben soviel Ähnlichkeit miteinander, daß Verständnis oder sogar wechselseitige Einfühlung möglich wird. So können wir, indem wir uns unserer eigenen schmerzlichen Verluste und Schicksalsschläge erinnern, mit anderen Menschen in gleichen Umständen fühlen, können uns (natürlich immer in einem ein wenig pickwickischen Sinn) an ihre Stelle versetzen. Aber in bestimmten Fällen ist diese Möglichkeit der Kommunikation zwischen einem Universum und dem anderen unvollständig oder gar nicht vorhanden. Der Geist ist sein eigener Ort, und die von Geisteskranken und außergewöhnlich Begabten bewohnten Orte sind so verschieden von denen, wo gewöhnliche Menschen leben, daß wenig oder kein gemeinsamer Boden der Erinnerung vorhanden ist, der als Grundlage für Verstehen oder Mitgefühl dienen könnte. Wohl werden Worte geäußert, aber sie vermögen nichts zu erhellen. Die Dinge und Ereignisse, auf die sich die Symbole beziehen, gehören Erfahrungsbereichen an, die einander ausschließen.

Uns selbst zu sehen, wie andere uns sehen, ist eine sehr heilsame Gabe. Kaum weniger wichtig ist die Fähigkeit, andere zu sehen, wie sie selbst sich sehen. Was aber, wenn die anderen einer ganz verschiedenen Spezies angehören und ein von Grund auf fremdes Weltall bewohnen? Zum Beispiel, wie können geistig Gesunde je erfahren, was für ein Gefühl es eigentlich ist, wahnsinnig zu sein? Oder wie können wir, wenn wir nicht eben ein Visionär, ein Medium oder ein musikalisches Genie sind, je in die Welten gelangen, in denen Blake, Swedenborg, Johann Sebastian Bach sich bewegten? Und wie kann ein Mensch, der an den äußersten Grenzen von Ektomorphismus und Zerebrotonie steht, sich an die Stelle des an den Grenzen von Endomorphismus und Viszerotonie Stehenden denken oder in mehr als bestimmten eng umschriebenen Bereichen die Gefühle eines Menschen teilen, der an den Grenzen des Mesomorphismus und der Somatotonie steht? Einem überzeugten Verfechter des Behaviorismus stellen sich derartige Fragen vermutlich nicht. Aber für diejenigen, die als Theorie übernehmen, was ihnen aus der Praxis als wahr bekannt ist – nämlich, daß es neben der äußeren auch eine innere Erfahrung gibt –, sind die aufgeworfenen Probleme wirkliche Probleme, die sich um so mehr aufdrängen, als einige völlig unlösbar, andere nur unter außergewöhnlichen Umständen und durch nicht jedermann zur Verfügung stehende Methoden lösbar sind. So ist es so gut wie sicher, daß ich nie wissen werde, was für ein Gefühl es ist, Sir John Falstaff oder Joe Louis, der schwarze Weltmeister im Boxen, zu sein. Andererseits hielt ich es immer für möglich, daß ich zum Beispiel durch Hypnose, Autosuggestion, durch regelmäßige Meditation oder auch durch das Einnehmen eines geeigneten chemischen Präparats meinen Bewußtseinszustand so verändern könnte, daß ich in die Lage versetzt würde, in meinem Inneren selbst die Erfahrung zu machen, von der der Visionär, das Medium, ja sogar der Mystiker berichten.

Nach allem, was ich über die Erfahrungen mit Meskalin gelesen hatte, war ich im voraus überzeugt, daß diese Droge zumindest für ein paar Stunden Zugang zu jener inneren Welt gewähren würde, die von William Blake und A. E. beschrieben wurde. Aber was ich erwartet hatte, trat nicht ein. Ich hatte erwartet, vor meinen geschlossenen Augen würden Visionen von vielfarbigen geometrischen Formen auftauchen, von unerhört schönen, ein eigenes Leben besitzenden architektonischen Gebilden, von Landschaften mit heroischen Gestalten, von symbolischen Dramen, die ständig höchste Offenbarung verhießen. Wie sich jedoch erwies, hatte ich nicht mit den Idiosynkrasien meiner geistigen Konstitution, mit den Gegebenheiten meines Temperaments, meiner Erziehung und meiner Gewohnheiten gerechnet.

Mein visuelles Gedächtnis, meine visuelle Phantasie sind und waren, solange ich mich erinnern kann, immer wenig ausgeprägt. Worte, sogar die bedeutungsvollen Worte der Dichter, vermögen in meinem Geist keine Bilder hervorzurufen.

Auch Schlafmittel erzeugen bei mir keine Visionen, die mich auf der Schwelle des Einschlafens in Empfang nehmen. Erinnerungen bieten sich mir nicht als lebhaft wahrgenommene Bilder oder Gegenstände dar. Mit einiger Willensanstrengung bin ich in der Lage, ein nicht eben lebhaftes Bild dessen in mir heraufzurufen, was gestern nachmittag geschah, wie der Lungarno ausgesehen hatte, bevor die Brücken zerstört wurden, oder die Bayswater Road, als die einzigen Omnibusse, die dort verkehrten, grün und winzig waren und von bejahrten Gäulen gezogen wurden, wobei sie eine Geschwindigkeit von fünf Stundenkilometern erreichten. Aber solche Bilder haben wenig Substanz und absolut kein Eigenleben. Zwischen ihnen und den wirklich wahrgenommenen Gegenständen besteht dasselbe Verhältnis wie zwischen Homers Geistern und den Menschen von Fleisch und Blut, die sie im Schattenreich besuchten. Nur wenn ich Fieber habe, erwachen meine inneren Bilder zum Leben. Menschen, bei denen die Fähigkeit zu visueller Vergegenwärtigung stark entwickelt ist, müßte meine innere Welt merkwürdig farblos, beschränkt und uninteressant erscheinen. Dies war die Welt – »ein armselig Ding, aber mein eigen« –, von der ich erwartete, daß sie sich in etwas völlig Entgegengesetztes verwandeln würde.

Die Veränderung, die tatsächlich in dieser Welt vorging, war in keinem Sinn revolutionär. Eine halbe Stunde nachdem ich das Meskalin genommen hatte, wurde ich mir eines langsamen Reigens goldener Lichter bewußt. Ein wenig später zeigten sich prächtige rote Flächen, und sie schwollen an und dehnten sich aus, wurden von hellen Energieknoten gespeist, die sich ständig veränderten und dabei stets neue, vibrierende Muster bildeten. Als ich meine Augen erneut schloß, enthüllte sich mir ein Komplex grauer Formen, in dem ständig bläulichblasse Kugeln auftauchten, sich mit ungeheurer Gewalt zusammenballten, um dann geräuschlos nach oben zu gleiten und zu verschwinden. Aber weder erschienen Gesichter noch menschliche oder tierische Gestalten. Ich sah keine Landschaften, keine riesigen Weiten, kein zauberhaftes Wachsen und Sichverändern von Gebäuden, nichts, was im entferntesten einem Drama oder einer Parabel glich. Die »andere« Welt, zu der das Meskalin mir Zutritt gewährte, war nicht die Welt der Visionen; sie existierte draußen, war das, was ich mit offenen Augen sehen konnte. Die große Veränderung vollzog sich im Bereich objektiver Tatsachen. Was mit meinem subjektiven Weltall geschehen war, war verhältnismäßig unbedeutend.

Ich schluckte meine Pille um elf Uhr. Eineinhalb Stunden später saß ich in meinem Arbeitszimmer und blickte angespannt auf eine kleine Glasvase. Die Vase enthielt nur drei Blumen –

eine voll erblühte Rose mit dem Namen »Schöne aus Portugal«, sie war muschelrosa, mit einer wärmeren, flammenderen Tönung am unteren Rand jedes Blütenblattes; eine große magentarote und cremeweiße Nelke und auf gekürztem Stengel die blaßviolette, sehr heraldische Blüte einer Schwertlilie. Nur zufällig und vorläufig zusammengetan, verstieß das kleine Sträußchen gegen alle Regeln herkömmlichen guten Geschmacks. Beim Frühstück an diesem Morgen war mir die lebhafte Disharmonie seiner Farben aufgefallen. Aber auf sie kam es nicht länger an. Ich blickte jetzt nicht auf eine ungewöhnliche Zusammenstellung von Blumen. Ich sah, was Adam am Morgen seiner Erschaffung gesehen hatte – das Wunder, das sich von Augenblick zu Augenblick erneuernde Wunder bloßen Daseins.

»Ist es angenehm?« fragte jemand. (Während dieses Teils des Experiments wurde alles, was gesprochen wurde, von einem Diktiergerät aufgenommen, und es war mir daher möglich, meine Erinnerung später aufzufrischen.)

»Weder angenehm noch unangenehm«, antwortete ich. »Es *ist*.«

Istigkeit – war das nicht das Wort, das Meister Eckhart so gerne gebrauchte? Das *Sein* der platonischen Philosophie – nur daß Plato den ungeheuren, den grotesken Irrtum begangen zu haben schien, das Sein vom Werden zu trennen und es dem mathematischen Abstraktum der Idee gleichzusetzen. Der arme Kerl konnte nie gesehen haben, wie Blumen aus ihrem eigenen inneren Licht heraus leuchteten und so große Bedeutung erlangten, daß sie unter dem Druck erbebten, der ihnen auferlegt war; er konnte nie wahrgenommen haben, daß das, was Rose und Schwertlilie und Nelke so eindringlich darstellten, nichts mehr und nichts weniger war, als was sie *waren* – eine Vergänglichkeit, die doch ewiges Leben war, ein unaufhörliches Vergehen, das gleichzeitig reines

Sein war, ein Bündel winziger, einzigartiger Besonderheiten, worin durch ein unaussprechliches und doch selbstverständliches Paradoxon der göttliche Ursprung allen Daseins sichtbar wurde. Ich blickte weiter auf die Blumen, und in ihrem lebendigen Licht glaubte ich das qualitative Äquivalent des Atmens zu entdecken – aber eines Atmens ohne das wiederholte Zurückkehren zu einem Ausgangspunkt, ohne ein wiederkehrendes Verebben; nur ein Fluten von Schönheit zu immer größerer Schönheit, von tiefer zu immer tieferer Bedeutung. Wörter wie »Gnade« und »Verklärung« kamen mir in den Sinn, und eben dafür standen diese Worte auch. Meine Augen wanderten von der Rose zur Nelke und von diesem gefiederten Erglühen zu den glatten Schnörkeln des Gefühl verströmenden Amethysts der Iris. Die beseligende Schau, *Sat Chit Ananda,* Seins-Gewahrseins-Seligkeit – zum erstenmal verstand ich, losgelöst von der Bedeutung der Wörter und nicht durch unzusammenhängende Andeutungen oder nur entfernt, sondern deutlich und vollständig, worauf sich diese bedeutungsvollen Silben beziehen. Und dann erinnerte ich mich einer Stelle, die ich bei dem Zen-Philosophen Suzuki gelesen hatte. »Was ist der Dharma-Leib des Buddha?« (Der Dharma-Leib des Buddha ist ein anderer Ausdruck für Geist, So-Sein, die große Leere, die Gottheit.) Die Frage wird in einem Zen-Kloster von einem ernsten Novizen gestellt. Und mit der prompten Irrelevanz eines der Marx Brothers antwortet der Meister: »Die Hecke am Ende des Gartens.« – »Und der Mensch, der diese Wahrheit begreift«, fragt der Novize zweifelnd weiter, »was, wenn ich fragen darf, ist der?« Groucho gibt ihm mit seinem Stab eins auf die Schulter und antwortet: »Ein Löwe mit einem goldenen Fell.«

Als ich diesen Text gelesen hatte, war er für mich nur ein verschwommen bedeutungsvolles Stückchen Ungereimtheit gewesen. Nun war alles klar wie der Tag, es war so unmittelbar einleuchtend wie Euklid. Selbstverständlich war der DharmaLeib des Buddha die Hecke am Ende des Gartens. Gleichzeitig aber, und nicht weniger selbstverständlich, war er diese Blumen, er war alles und jedes, worauf ich – oder vielmehr das selige, für einen Augenblick von meiner umklammernden Umarmung befreite Nicht-Ich – zufällig blickte. Die Bücher zum Beispiel, die die Wände meines Arbeitszimmers bedeckten. Wie die Blumen erglühten auch sie, wenn ich zu ihnen hinsah, in leuchtenderen Farben, Farben von einer tieferen Bedeutsamkeit. Rote Bücher gleich Rubinen, smaragdene Bücher, Bücher in weiße Jade gebunden, Bücher von Achat, von Aquamarin, von gelbem Topas, von Lapislazuli, alle Farben waren so intensiv, so zutiefst bedeutungsvoll, daß sie nahe daran zu sein schienen, die Regale zu verlassen, um sich meiner Aufmerksamkeit noch eindringlicher bemerkbar zu machen.

»Wie verhält es sich mit den räumlichen Dimensionen?« fragte der Experimentator, als ich auf die Bücher blickte.

Das war schwer zu beantworten. Gewiß, die Perspektive nahm sich recht sonderbar aus, und die Wände des Zimmers schienen nicht mehr rechtwinklig aneinanderzustoßen. Aber das waren nicht die wirklich wichtigen Tatsachen. Tatsache war, daß räumliche Beziehungen kaum noch eine Bedeutung hatten und daß mein Geist die Welt in Begriffen wahrnahm, die jenseits räumlicher Kategorien lagen. Für gewöhnlich befaßt sich das Auge mit Fragen wie: Wo? – *Wie weit?* – Position in Beziehung zu was? Bei dem Meskalinexperiment gehören die aufgeworfenen Fragen, auf die das Auge antwortet, einer anderen Kategorie an. Lage und Entfernung verlieren stark an Interesse, und der Geist macht seine Wahrnehmungen in Begriffen der Daseinsintensität, der Bedeutungstiefe, der Beziehungen innerhalb einer bestimmten

Anordnung. Ich sah die Bücher, aber ich kümmerte mich keineswegs um ihren Platz im Raum. Was ich bemerkte, was sich meinem Geist einprägte, war die Tatsache, daß alle von lebendigem Licht erglühten und daß in einigen die Herrlichkeit offenkundiger war als in anderen. In diesem Zusammenhang waren der Ort, an dem sie sich befanden, und die drei Dimensionen nebensächlich. Selbstverständlich war die Kategorie Raum nicht abgeschafft. Als ich aufstand und umherging, konnte ich das ganz normal tun, ohne die Lage und Entfernung von Gegenständen falsch einzuschätzen. Der Raum war noch immer da; aber er hatte sein Übergewicht verloren. Der Geist war an erster Stelle nicht mit Maßen und räumlichen Beziehungen der Gegenstände zueinander befaßt, sondern mit Sein und Sinn.

Und zur gleichen Zeit wie diese Gleichgültigkeit gegen den Raum hatte mich eine noch größere Gleichgültigkeit gegen die Zeit erfaßt.

»Sie scheint reichlich vorhanden zu sein«, war alles, was ich antwortete, als der Experimentator mich aufforderte, ihm zu sagen, was für ein Gefühl ich bezüglich der Zeit hätte.

Reichlich viel – aber genau zu wissen, wieviel, war völlig belanglos. Ich hätte selbstverständlich auf meine Uhr sehen können, aber meine Uhr war, das wußte ich, in einem anderen Universum. Tatsächlich hatte ich das Gefühl einer unbestimmten Dauer empfunden und empfand es noch immer, oder auch das einer unaufhörlichen Gegenwart, die aus einer einzigen, sich ständig verändernden Offenbarung bestand.

ANAÏS NIN

Die Tagebücher der Anaïs Nin

Ich hatte gerade Aldous Huxleys *The Doors of Perception* gelesen, aber es beeindruckte mich weniger als Gil Hendersons Erzählung über die visionären Effekte, die durch LSD hervorgerufen werden. Er hatte an einem Experiment von Dr. Oscar Janiger teilgenommen. Er malte eine Indianerpuppe bevor er LSD nahm und dann eine zweite unter der Wirkung der Droge. Der Unterschied zwischen den beiden Bildern war erstaunlich. Die erste Version war starr und fotografisch genau, die zweite war impressionistisch, emotional. Gil fragte mich, ob ich an einem Experiment teilnehmen wolle, denn Dr. Janiger hoffte, ein Schriftsteller könne seine Erfahrung während des Experiments besser beschreiben. Es sollten noch zwei andere Personen teilnehmen, ein Biologe von der UCLA und ein anderer Maler. Gil sollte mein ›Pilot‹ sein; das heißt, jemand, der bereits einmal LSD genommen hat und jetzt bereit ist zu helfen und, wenn nötig, zu führen.

Es erscheint mir merkwürdig, zu einem solchen Abenteuer in die Praxis eines Psychiaters zu kommen. Dr. Janiger führte mich und Gil in sein Büro; es war dort sehr dunkel, und der Raum war voller Bücher. Ich hatte kaum Zeit, mir einen Eindruck von ihm zu verschaffen, denn er brachte sofort eine Anzahl blauer Tabletten – ich erinnere mich nicht genau – fünf oder acht, und ein Glas Wasser. Dann führte er uns in das Wartezimmer, wo der Biologe bereits mit einem Notizblock auf seinen Knien und einem Bleistift saß.

Zuerst schien alles unverändert. Aber nach einiger Zeit, vielleicht nach zwanzig Minuten, bemerkte ich als erstes, daß der Teppich nicht länger flach und leblos war, sondern sich in ein Feld bewegter und wogender Haare verwandelt hatte, wie Seeanemonen oder ein Weizenfeld im Wind. Dann bemerkte ich, daß Türen, Wände und Fenster sich verflüssigten. Alles Starre verschwand. Es war, als sei ich auf den Grund des Meeres gestürzt, wo alles wogte und schwankte. Die Türgriffe waren nicht länger Türgriffe; sie schmolzen und wiegten sich wie lebendige Schlangen. Jeder Gegenstand im Zimmer wurde zu einer lebendigen, beweglichen, atmenden Welt. Ich ging in den Flur, von dem aus man mehrere kleinere Zimmer erreichte. Auf dem Weg war eine Tür, die in den Garten führte. Gil öffnete sie. Die Strahlen der Sonne blendeten mich, jeder der goldenen Sonnenflecke vervielfachte und vergrößerte sich. Bäume, Wolken, Rasen hoben und senkten sich; die Wolken flogen mit unglaublicher Geschwindigkeit vorbei. Ich wendete meinen Blick vom Garten ab und der glatten Tür zu, auf der delikate persische Muster, Blumen, Mandalas, Ornamente in perfekter Symmetrie erschienen. Während ich sie entwarf, verströmten sie ihre Musik. Wenn ich eine lange orangefarbene Linie zog, entströmte ihr ein oranger Ton. Mein Körper schwamm und flog. Ich fühlte mich fröhlich, unbeschwert und spielerisch. Es bestand eine vollkommene Beziehung zwischen meinem Körper und allem, was passierte. Zum Beispiel bereiteten mir die Farben der Ornamente ebenso großen Genuß wie die Musik. Der Gesang der Spottdrosseln wurde vervielfältigt, und sie klangen wie ein ganzer Wald singender Vögel. Meine Sinne wurden vervielfältigt, als habe ich hundert Augen, hundert Ohren, hundert Fingerspitzen. Die Wandgemälde, die erschienen, waren vollendet, sie waren orientalisch, zerbrechlich und meisterhaft, aber dann verwandelten sie sich in orientalische Städte mit Pagoden, Tempeln, üppigen chinesischen Altären in Gold und Rot und in balinesische Musik. Die Musik vibrierte durch meinen Körper, als sei ich eines der Instrumente, und ich fühlte, daß ich zu einem ganzen Schlagzeugorchester wurde, grün wurde, blau und orange. Die Tonwellen rannen durch meine Haare wie eine Liebkosung. Die Musik glitt den Rücken hinunter und kam aus meinen Fingerspitzen. Ich war eine Kaskade rot-blauen Regens, ein Regenbogen. Ich war klein, leicht, beweglich. Ich konnte auf jede Art, die ich mir wünschte, schweben. Ich konnte mich auflösen; ich konnte schmelzen, gleiten, mich aufschwingen. Kleine Lichtwellen umflossen meine Kleider, phosphoreszierende Strahlen. Ich konnte mit meinem dritten Auge eine neue Welt sehen, eine Welt, die mir vorher entgangen war. Ich entdeckte Bilder hinter Bildern, die Mauern hinter dem Himmel, den Himmel hinter dem Unendlichen. Die Mauern wurden zu Fontänen, die Fontänen zu Bögen, die Kuppeln zu Himmeln, der Himmel ein blütenbedeckter Teppich, und alles löste sich auf in reinen Raum. Ich blickte auf eine zarte Linie, die sich in den Raum wölbte und in die Unendlichkeit verschwand. Ich sah eine Million Nullen auf dieser Linie, dem Bogen folgend, in der Entfernung kleiner werdend, und ich lachte und sagte: »Verzeihung, ich bin keine Mathematikerin. Wie kann ich das Unendliche messen?« Zu Dr. Janiger, der gerade vorbeiging, sagte ich: »Ohne Mathematikerin zu sein, habe ich das Unendliche verstanden.« Er schien nicht beeindruckt zu sein. Ich sah sein Gesicht als einen Picasso, leicht asymmetrisch. Es kam mir vor, als sei eines seiner Augen größer als das andere, und als spähe dieses Auge in meine Erfahrung, und ich wendete mich ab. Gil war manchmal da, aber jetzt bemerkte ich, daß er ein Kind war, daß er ein großes, rundes, grinsendes Gesicht hatte. Ich stand allein am Rand eines Planeten. Ich konnte das schnelle Dahinbrausen der Planeten hören, die sich im Raum drehten. Dann bewegte ich mich zwischen den Planeten, und ich erkannte, daß ein gewisses Maß an Geschicklichkeit notwendig sein würde, um mit dieser neuen Art der Beförderung zurechtzukommen. Mich selbst im Raum stehen zu sehen, wie ich versuchte, meine »Raumbeine« zu erreichen, amüsierte mich. Ich fragte mich, wer vor mir dagewesen war, und ob ich zur Erde zurückkehren würde. Die Einsamkeit, das Gefühl der Entfernung bedrückte mich zum ersten Mal, und ich fragte Gil ungestüm: »Bist du sicher, daß ich meinen Weg zurückfinden werde?« Gil antwortete vernünftig: »Natürlich, ich habe meinen Weg auch zurückgefunden. Ich bin hier.« Er fragte, ob ich irgendetwas wünschte, ein Glas Wasser oder einen Sandwich. Ich antwortete: »Ich möchte eine Pagode.« Und nach einer Weile fügte ich hinzu: »Ich sehe ein, das ist ein unvernünftiger Wunsch.« Ich kehrte zu meinem Ausgangspunkt zurück. Ich stand vor einer häßlichen Tür, aber als ich sie näher betrachtete, war sie nicht glatt oder grün, sondern es war ein buddhistischer Tempel, eine hinduistische Säule, eine marokkanische Decke, goldene Turmspitzen wurden geformt und umgeformt; es war, als betrachtete ich einen Baumeister bei der Arbeit. Ich entwarf rote Spiralen, die sich entrollten bis sie zu einem Rosettenfenster oder einer Mandala mit Radiumrändern wurden. Sobald ein Muster geboren war und sich zusammenfügte, löste es sich wieder auf, und das nächste folgte, ohne daß sie sich beeinträchtigten. Jede Form, jede Linie verströmte eine vollkommene Harmonie, ihr musikalisches Äquivalent in Übereinstimmung mit dem Entwurf. Eine wellenförmige Linie verströmte eine anhaltende wellenartige Melodie, ein Kreis hatte entsprechende musikalische Noten, dissonante Töne, eine Pyramide erschuf eine

Pyramide aufsteigender Noten, und dahinschwindende Ornamente hinterließen nur ein Echo. Die Ornamente waren die Vorbereitungen für Entwürfe ganzer orientalischer Städte. Ich sah die Tempel von Java, Kaschmir, Nepal, Ceylon, Burma, Kambodscha, in allen Farben der Edelsteine, und sie waren von innen erleuchtet. Dann lösten sich die äußeren Formen der Tempel auf und enthüllten die inneren Kapellen und Schreine. Die Rot- und Goldtöne im Innern der Tempel ergaben eine komplizierte musikalische Orchestrierung wie balinesische Musik. Zwei Empfindungen begannen mich zu quälen: daß alles zu schnell geschah und ich nicht in der Lage sein würde, mich daran zu erinnern, und daß ich nicht in der Lage sein würde, mitzuteilen, was ich sah, es war alles zu flüchtig und zu überwältigend. Die Tempel wuchsen höher, die Musik wurde wilder, es entstand eine Flutwelle von Tönen, in der Gongs und Glocken überwogen. Goldspitzen verströmten langanhaltende Flötentöne. Jede Linie und jede Farbe atmete und veränderte sich unaufhörlich.

Da begann ich zu bemerken, daß ich beim Atmen Schwierigkeiten hatte. Mir war schrecklich kalt, und ich fühlte mich in meinem Cape sehr klein, als hätte ich eine Verwandlung wie Alice im Wunderland durchgemacht. Ich sagte Gil, ich könne nicht atmen, und er brachte mich zum Arzt. Der Arzt beruhigte mich mit Worten. Ich hatte um Sauerstoff gebeten. Er schlug vor, ich solle mich hinlegen und mich gut zudecken. Gil saß grinsend neben mir. Ich fragte ihn, ob er Schwierigkeiten beim Atmen gehabt hätte. Ich hatte immer noch die Vorstellung, ich hätte mich zwischen den Planeten bewegt. Ich erinnerte mich an die Illustration aus dem *Kleinen Prinzen* von Saint-Exupéry, das Kind, das allein am Rand eines Planeten steht. Ich legte mich hin und deckte mich zu. Ich rauchte eine Zigarette. Ich blickte auf die Vorhänge des

Zimmers, und sie verwandelten sich in gazeartiges Gold. Der gesamte Raum war von Gold erfüllt wie von einer kraftvollen Sonne. Die Wände wurden golden, die Bettdecke war aus Gold, mein ganzer Körper wurde zu Gold, flüssiges Gold, funkelndes, warmes Gold. ICH WAR GOLD. Es war die lustvollste Empfindung, die ich je hatte. Es war das Geheimnis des Lebens, das alchemistische Geheimnis des Lebens. Aus dem Gefühl strenger Kälte, dem Gefühl chloroformiert zu sein, aus dem Verlust der Schwerkraft in den Beinen und aus dem Gefühl der Verkleinerung, glitt ich hinein in die Empfindung, Gold zu sein. Plötzlich weinte ich, weinte ich. Ich konnte die Tränen fühlen und ich sah das Taschentuch in meiner Hand. Ich weinte bis zum Punkt völliger Auflösung. Weshalb sollte ich weinen? Ich konnte sehen, daß Gil lächelte, und ich erkannte die Absurdität zu weinen, während ich mich auf meiner Reise durch den Raum befand. Sobald die Vorstellung der Absurdität von mir Besitz ergriff, erschien der Geist der Heiterkeit wieder. Es war eine andere Anaïs, nicht die, die weinend dalag, sondern eine kleine, fröhliche, leichte Anaïs, sehr lebendig, sehr unruhig und beweglich. Dem heiteren Geist von Anaïs war Gils mißliche Lage bewußt: »Armer Gil, du bist mit einer gewöhnlichen, weinerlichen Frau unterwegs. Wie lächerlich, eine Reise durch den Raum durch Weinen zu verderben. Aber vor der Weiterreise möchte ich dir erklären, weshalb Frauen weinen. ES IST DER SCHNELLSTE WEG, UM SICH WIEDER MIT DEM OZEAN ZU VEREINIGEN.

Man verflüssigt sich, wird flüssig, fließt zurück in den Ozean, wo die Farben schöner sind.« Der heitere Geist von Anaïs schüttelte sich lebhaft und sagte: »Hören wir mit dem Weinen auf. Alles ist unter Wasser wunderbarer (als im Raum?). Es ist lebendig, und es atmet. Der Raum war einsam und leer, eine riesige Wüste. Nach der Empfindung von GOLD überkam mich die Empfindung von Gefahr. Meine Welt ist so schön, so schön, aber so zerbrechlich. Ich plädierte um Schutz für diese vergängliche Schönheit. Ich dachte, ich sei der beweglichste lebende Geist und die schnellste Rednerin, aber mit diesen Transformationen, Metamorphosen, können Worte nicht Schritt halten. Sie sind jenseits aller Worte, jenseits aller Worte... Die orientalischen Städte verschwanden und die Unendlichkeit kam wieder, aber jetzt war sie umgeben von himmlischen Gärten aus Edelsteinen auf silbernen und goldenen Stengeln. Die Versuchung, nicht in die Unendlichkeit vorzustoßen, sondern die Gärten zu genießen, war groß. Der Raum ist ganz sicher ohne sinnlichen Reiz.

Der heitere Geist von Anaïs stand daneben und lachte über soviel russische Opernextravaganz. Aber die andere Anaïs hielt ihre Pose als balinesische Tänzerin mit leicht angewinkelten Beinen, den Fingerspitzen, die sich in einer symbolischen Bittgebärde trafen. Ich konnte das Gewicht des Brokats spüren. Ich beobachtete einen Küstensaum mit goldenen Wellen, die sich an Felsen aus Goldstaub brachen, zu Goldschaum wurden und zu goldenem Haar, schimmernd und vibrierend, erfüllt von goldenen Freuden. Ich fühlte, daß ich das Geheimnis ergreifen könnte, denn das Geheimnis des Lebens lag in der Metamorphose und Transmutation, aber es verschwand zu schnell und war jenseits von Worten. Der komische Geist von Anaïs verspottet Worte und sie selbst. Ah, ich kann das Geheimnis des Lebens mit WORTEN nicht erfassen.

Traurigkeit.

Das Geheimnis des Lebens war ATEM. Das war es, was ich immer wollte, Worte sollten ATMEN. Der heitere Geist von Anaïs erhebt sich, schüttelt sich in seinem Cape, fröhlich, verantwortungslos und kapituliert vor den abstrusen Schwierigkeiten. JETZT WEISS ICH, WESHALB DIE MÄRCHEN VOLLER EDELSTEINE SIND.

Nach meiner Erfahrung mit LSD begann ich zu untersuchen, ob es eine unbekannte Welt war, unzugänglich, nur durch chemische Veränderungen der Realität zu betreten.

Ich fand den Ursprung der meisten Bilder entweder in meinem Werk oder in Werken anderer Schriftsteller.

In *House of Incest*, geschrieben 1935, verflüssigen sich Gegenstände, und ich beschreibe sie, als seien sie durch Wasser gesehen. Es gibt auch eine Beziehung zu Byzanz, ich wuchs auf mit Bänden von *Voyages autour du Monde*, in denen es Bilder von Kambodscha, Thailand, Bali, Indien und Japan gab, die für immer in meiner Erinnerung haften. Ich habe zahllose Aufnahmen balinesischer Musik gehört, Bänder, die von Colin McFee stammten.

Bilder von gespaltenen Ichs sind in *House of Incest* zu finden.

Die Vorstellung der Einsamkeit auf einem anderen Planeten entstammt meiner wiederholten Lektüre des *Kleinen Prinzen* von Antoine de Saint-Exupéry.

In *House of Incest* werden Kristalle, kostbare Steine erwähnt: »Der Glimmer wie eine Braut, der Pyrit, das wasserhaltige Silicium, das Zinnober, der Azurit des wohltätigen Jupiter, der Malachit, alles miteinander vermischt, geschmolzene Juwelen, geschmolzene Planeten.«

Das Gefühl, Gold zu werden, hatte ich häufig, wenn ich mich im Sand sonnte; die Reflektionen der Sonnenstrahlen drangen durch meine geschlossenen Augen, und ich empfand, wie ich zu Gold wurde.

Ich könnte Beziehungen in allen meinen Büchern finden, die Quellen der Bilder in vergangenen Träumen wiederfinden, im Lesen, in Erinnerungen an Reisen, tatsächliche Erfahrungen, wie zum Beispiel eine Erfahrung, die ich in Paris machte, als ich so vom Leben mitgerissen wurde, daß ich das Gefühl hatte, den

Boden nicht mehr zu berühren, es war, als würde ich über den Gehweg gleiten.

Deshalb empfand ich, daß die Droge keine unbekannte Welt enthüllte. Sie klammerte die alltägliche Welt als Störung aus und man blieb allein mit den Träumen, Phantasien und Erinnerungen. Auf diese Weise ist es leichter, den Zugang zum Unterbewußten zu finden. Aber offensichtlich hatte ich alle diese Landschaften durch mein Schreiben, durch Träumereien, durch Wachträume und Nachtträume aufgesucht. Die Droge fügte eine Synthese von Farben, Tönen und Bildern hinzu, eine gleichzeitige Fusion aller Sinne, nach der ich in meinem Schreiben immer getrachtet habe und die ich häufig erreichte.

Ich machte die überraschende Entdeckung, daß diese Welt, die durch LSD erschlossen wird, für den Künstler durch die Kunst zugänglich ist. Das goldene Sonnen-Mobile von Lippold könnte eine Stimmung hervorrufen, wenn man aufnahmefähig genug wäre, wenn man das Bild in den Körper eindringen und ihn in Gold verwandeln lassen würde. Die Droge beseitigte nur den Widerstand, sie machte den Körper durchlässig für das Bild und aufnahmefähig, indem sie die bekannte Umgebung ausschaltete, die verhindert, daß der Traum von uns Besitz ergreift.

Was ist geschehen, daß die Menschen die Verbindung mit solchen Bildern, Visionen, Empfindungen verlieren und zu Drogen greifen müssen, die ihnen letztlich schaden?

Sie sind eingemauert worden, das Tabu, das über Träumen, Phantasien, Visionen und sinnlicher Aufnahmefähigkeit liegt, beraubt die Menschen des Zugangs zum Unterbewußten.

Ich bin für meinen natürlichen Zugang dankbar. Aber wenn ich darüber mit Huxley diskutiere, ist er beinahe gereizt: »Du bist glücklich genug, einen natürlichen Zugang zu deinem Unterbewußten zu haben, aber andere Menschen brauchen Drogen, und sie sollten sie haben.«

Das stellt mich nicht zufrieden, denn ich glaube, wenn ich einen natürlichen Zugang habe, könnten andere ihn ebenfalls haben. Wie habe ich ihn erreicht? Es ist schwierig, die eigenen Spuren zurückzuverfolgen. Kann man sagen, ich hätte eine Neigung zum Träumen, eine Fähigkeit, mich von der Alltagswelt zurückzuziehen, um zu anderen Orten zu gelangen? Kann ich den Ursprung nicht finden, scheint es sich um natürliche Neigungen zu handeln, denen ich erlaubte, sich zu entwickeln und die durch die Psychoanalyse gefördert und ausgebildet wurden. Die Technik ist für alle zugänglich, die die Psychoanalyse als Mittel der Verbindung mit dem Unterbewußtsein akzeptieren. Ich erkannte ihren Wert früh. Mein Vertrauen in sie ist unerschüttert. Aber daneben gibt es den Appetit auf Dinge, die ein so reiches Leben unter der Oberfläche nähren: Farben durch Maler zu erfahren, Bewegungen durch Tänzer, Musik durch Musiker. Sie alle bilden die Sinne, sensibilisieren die Sinne. Es war die Ächtung der Kunst, durch die eine Kultur entstand, die ohne alle sinnliche Wahrnehmung ist, ohne die Einbeziehung der Sinne, so daß die Erfahrung nicht die »Hochs«, die Begeisterungen, die Ekstasen bewirkte, die sie in mir hervorrief. Die Puritaner töteten die Sinne. Die englische Kultur tötete die Emotion. Und jetzt war es notwendig, den Betondeckel zu sprengen, »to blow the mind«, wie die LSD-Anhänger es nennen. Die Quelle aller Wunder, aller Lebendigkeit und Freude war das Empfinden, Träumen und die Fähigkeit, seine Träume zu erfüllen.

Sogar die Kunst des Lesens, die in Amerika verlorengegangen ist, war eine ständige Nahrungsquelle, die mir Länder vor Augen führte, die ich sehen wollte, Menschen, die ich kennenlernen wollte, Erfahrungen, die ich machen wollte. Wie grausam das Gewicht des alltäglichen Lebens, *la condition humaine*, auf Amerika lastete, wo man gezwungen ist, im Prosaischen, Schäbigen, Praktischen, Alltäglichen zu leben, mit beiden Füßen auf der Erde. Durch die Medien ist man der Mittelmäßigkeit des politischen Lebens, den Monstrositäten der Geschichte ausgesetzt. Die Amerikaner glaubten, dies sei der Kontakt mit dem Leben; und es war genau das, was den Kontakt mit dem Leben zerstörte.

So sind die Drogen, anstatt fruchtbare Bilder hervorzubringen, die ihrerseits mit der Welt geteilt werden können (wie die großen Maler, Musiker, Dichter ihren Überfluß mit den Unfruchtbaren teilten, ausgehungertes Leben bereicherten), zu einem einsamen Laster geworden, einem passiven Träumen, das den Träumer von der ganzen Welt entfremdet, ihn isoliert und letztlich zerstört. Es ist wie Masturbation. Wer seine Bilder der Erfahrung den verwischten Träumen abringt, um kreativ zu sein, ist in der Lage, zu errichten, was er gesehen hat und wonach es ihn verlangte. Dieses Werk verschwindet nicht wie die Wirkung der Droge. Die Kenntnis, die man ohne Drogen erlangt, wie zum Beispiel mein Gefühl für Farbe, das sich durch das Beobachten der Maler entwickelte, als ich ihnen Modell stand, ist ein bleibender Erwerb. Es wurde Teil meines Wesens, es war anwendbar auf meinen Reisen, auf mein Bild der Menschen. Es war oder wurde zu einer neuen Fähigkeit, Teil meiner sinnlichen Wahrnehmung, ständig zugänglich; und die Anstrengungen, die ich unternahm, um dieses Gefühl für Farbe zu erwerben, stärkten auch meine Fähigkeit, kreativ mit einem Sinn für Farbe zu sein, Wohnungen einzurichten, Kleider zu entwerfen, Visionen von Städten heraufzubeschwören; Freude an der Farbe nicht nur als vorübergehender, flüchtiger, verschwindender Traum, *sondern als Realität*. Und hier liegt das

Problem. Der Effekt der Droge stärkt nicht den Drang, den Traum, die Vision in Realität umzuwandeln. Er bewirkt Passivität. Ich muß meinen eigenen Weg weitergehen, einen disziplinierten, anstrengenden, organischen Weg, um mit Kreativität im Leben den Traum zu integrieren; es ist die Suche nach der Entwicklung der Sinne, Vision und Vorstellungskraft als dynamische Elemente, mit deren Hilfe eine neue Welt erschaffen werden kann, neue Menschen erschaffen werden können. Die Ganzheit des Lebens nicht nur durch Träume suchen, durch einsame Träume suchen, durch passives Träumen, das Drogen bewirken, sondern durch ein aktives, dynamisches Träumen, das mit dem Leben in Verbindung steht, in einer Wechselbeziehung. Das schafft eine Harmonie, in der die Genüsse an Farben, Materialien, Visionen reale Schöpfungen sind, die wir mit den *erwachten* Sinnen genießen können. Was kann schöner sein, als die Verwirklichung unserer Phantasien, der Mut, sie zu leben, sie zu verkörpern, sie auszuleben, anstatt von den zerfallenden, ausschweifenden, vergänglichen Drogenträumen abhängig zu sein.

Ich werde keine Touristin in der Welt der Bilder sein, die nur die vorbeiziehenden Bilder ansieht, in denen ich nicht leben kann, die ich nicht lieben und nicht als ständige Quelle von Freude und Ekstase besitzen kann.

ALBERT HOFMANN

LSD – mein Sorgenkind

Die Entdeckung der psychischen Wirkung von LSD
Alle hier nur kurz geschilderten, aber ergebnisreichen Arbeiten, die sich aus der Lösung des Ergotoxin-Problems heraus entwickelten, ließen jedoch die Substanz LSD-25 nicht völlig in Vergessenheit geraten. Eine merkwürdige Ahnung, dieser Stoff könnte noch andere als nur die bei der ersten Untersuchung festgestellten Wirkungsqualitäten besitzen, veranlasste mich, fünf Jahre nach der ersten Synthese LSD-25 nochmals herzustellen, um es erneut für eine erweiterte Prüfung in die pharmakologische Abteilung zu geben. Das war insofern ungewöhnlich, als Prüfsubstanzen, wenn sie von pharmakologischer Seite als uninteressant befunden worden waren, in der Regel endgültig aus dem Forschungsprogramm gestrichen wurden.

Im Frühjahr 1943 wiederholte ich also die Synthese von LSD-25. Es handelte sich – wie schon bei der ersten Herstellung – nur um eine Gewinnung von einigen Zehntelgramm dieser Verbindung.

In der Schlußphase der Synthese, bei der Reinigung und Kristallisation des Lysergsäure-diäthylamids in Form des Tartrates (weinsaures Salz) wurde ich in meiner Arbeit durch ungewöhnliche Empfindungen gestört. Ich entnehme die Schilderung dieses Zwischenfalls dem Bericht, den ich damals an Professor Stoll sandte:

»Vergangenen Freitag, 16. April 1943, mußte ich mitten am Nachmittag meine Arbeit im Laboratorium unterbrechen und mich nach Hause begeben, da ich von einer merkwürdigen

Unruhe, verbunden mit einem leichten Schwindelgefühl, befallen wurde. Zu Hause legte ich mich nieder und versank in einen nicht unangenehmen rauschartigen Zustand, der sich durch eine äußerst angeregte Phantasie kennzeichnete. Im Dämmerzustand bei geschlossenen Augen – das Tageslicht empfand ich als unangenehm grell – drangen ununterbrochen phantastische Bilder von außerordentlicher Plastizität und mit intensivem, kaleidoskopartigem Farbenspiel auf mich ein. Nach etwa zwei Stunden verflüchtigte sich dieser Zustand.«

Art und Verlauf dieser merkwürdigen Symptome erweckten den Verdacht einer von außen erfolgten toxischen Einwirkung, und ich vermutete einen Zusammenhang mit der Substanz, mit der ich gerade gearbeitet hatte, dem Lysergsäure-diäthylamid-tartrat. Ich konnte mir zwar nicht recht vorstellen, wie ich etwas von diesem Stoff resorbiert haben könnte, da ich bei der bekannten Giftigkeit der Mutterkornsubstanzen an peinlich sauberes Arbeiten gewöhnt war. Aber vielleicht war doch ein wenig der LSD-Lösung beim Umkristallisieren an meine Fingerspitzen gelangt und vielleicht war eine Spur der Substanz durch die Haut resorbiert worden. Falls dieser Stoff die Ursache des geschilderten Zwischenfall gewesen war, dann mußte es sich um eine schon in den kleinsten Spuren wirksame Substanz handeln. Um der Sache auf den Grund zu gehen, entschloß ich mich zum Selbstversuch. Ich wollte vorsichtig sein und begann deshalb die geplante Versuchsreihe mit der kleinsten Menge, von der, verglichen mit der Wirksamkeit der damals bekannten Mutterkornalkaloide, noch irgendein feststellbarer Effekt erwartet werden konnte, nämlich mit 0,25 mg (mg = Milligramm, Tausendstelgramm) Lysergsäure-diäthylamid-tartrat.

Die Abbildung ist eine Fotokopie der Eintragung dieses Versuches im Laborjournal vom 19. April 1943. Der obere Abschnitt enthält die Notizen über die Herstellung des Tartrates von LSD.

19. IV./16.20: 0,5 cc. Von 1/2-promilliger wässeriger Tartrat-Lösg. v. Diäthylamid peroral = 0,25 mg Tartrat. Mit ca. 10 cc. W. verdünnt geschmacklos einzunehmen.

17.00: Beginnender Schwindel, Angstgefühl. Sehstörungen. Lähmungen, Lachreiz.

Ergänzungen am 21. IV.: Mit Velo nach Hause. Von 18– ca. 20 Uhr schwerste Krise. (S. Spezialbericht)

Die letzten Worte konnte ich nur noch mit großer Mühe niederschreiben. Schon jetzt war es mir klar, daß Lysergsäurediäthylamid die Ursache des merkwürdigen Erlebnisses vom vergangenen Freitag gewesen war, denn die Veränderungen der Empfindungen und des Erlebens waren von gleicher Art wie damals, nur viel tiefgehender. Ich konnte nur noch mit größter Anstrengung verständlich sprechen und bat meine Laborantin, die über den Selbstversuch orientiert war, mich nach Hause zu begleiten. Schon auf dem Heimweg mit dem Fahrrad – ein Auto war im Augenblick nicht verfügbar, Autos waren während der Kriegszeit nur wenigen Privilegierten vorbehalten – nahm mein Zustand bedrohliche Formen an. Alles in meinem Gesichtsfeld schwankte und war verzerrt wie in einem gekrümmten Spiegel. Auch hatte ich das Gefühl, mit dem Fahrrad nicht vom Fleck zu kommen. Indessen sagte mir später meine Assistentin, wir seien sehr schnell gefahren. Schließlich doch noch heil zu Hause angelangt, war ich gerade noch fähig, meine Begleiterin zu bitten, unseren Hausarzt anzurufen und bei den Nachbarn nach Milch zu fragen.

Trotz meines rauschartigen Verwirrtheitszustandes konnte ich für kurze Augenblicke klar und zweckgerichtet denken – Milch als unspezifisches Entgiftungsmittel. Schwindel und Ohnmachtsgefühl wurden zeitweise so stark, daß ich mich nicht mehr aufrechthalten konnte und mich auf ein Sofa hinlegen mußte. Meine Umgebung hatte sich nun in beängstigender Weise verwandelt. Alles im Raum drehte sich, und die vertrauten Gegenstände und Möbelstücke nahmen groteske, meist bedrohliche Formen an. Sie waren in dauernder Bewegung, wie belebt, wie von innerer Unruhe erfüllt. Die Nachbarsfrau, die mir Milch brachte – ich trank im Verlauf des Abends mehr als zwei Liter –, erkannte ich kaum mehr. Das war nicht mehr Frau R., sondern eine bösartige, heimtückische Hexe mit einer farbigen Fratze. Aber schlimmer als diese Verwandlungen der Außenwelt ins Groteske waren die Veränderungen, die ich an mir selbst, an meinem inneren Wesen spürte. Alle Anstrengungen meines Willens, den Zerfall der äußeren Welt und die Auflösung meines Ich aufzuhalten, schienen vergeblich. Ein Dämon war in mich eingedrungen und hatte von meinem Körper, von meinen Sinnen und von meiner Seele Besitz ergriffen. Ich sprang auf und schrie, um mich von ihm zu befreien, sank dann aber wieder machtlos auf das Sofa. Die Substanz, mit der ich hatte experimentieren wollen, hatte mich besiegt. Sie war der Dämon, der höhnisch über meinen Willen triumphierte. Eine furchtbare Angst, wahnsinnig geworden zu sein, packte mich. Ich war in eine andere Welt geraten, in andere Räume mit anderer Zeit. Mein Körper erschien mir gefühllos, leblos, fremd. Lag ich im Sterben? War das der Übergang? Zeitweise glaubte ich außerhalb meines Körpers zu sein und erkannte dann klar, wie ein außenstehender Beobachter, die ganze Tragik meiner Lage. Sterben ohne Abschied von meiner Familie – meine Frau war mit unseren drei Kindern

Der erste Selbstversuch mit LSD: Eintragung im Laborjournal vom 19. April 1943

19. IV. 43

Tartrat an A. Lysergs.-diäthylamid. (Fortsetzung v. 8.85 a.H.!)

32,3 mg Ans x (Lit. (gu.) 323)
9,5 " d. Wirkung = 150)

gewinne in wenig Methanol gelöst, leicht trüb in meinen Kessellen, Unhuhe, Schw., F. 200° (km) nochuf milde Benahgung.
so wie ich Salz dem Aber nicht zur Kristallisation bereiten

Selbstversuche.

19. IV. 16.20 : 2,5 cl. von 1/2 - prominatigen Tartrat-Lösg. v. Rückstand eines
= 0,25 mg Tartrat. mit ca. 10 ccm. destilier gebrauchten eingenommen.

17 m : Beginnende Schwindel, Augsignal, Schwanengef. Schmerzen, Lachrig.

Injection auf: dies Pile auf kommen. Von 18.00 - ca 20 Uhr schwach Kris. (S. beigeheftet!)
21. IV.

an diesem Tag zu ihren Eltern nach Luzern gefahren. Ob sie jemals verstehen würde, daß ich nicht leichtsinnig, verantwortungslos, sondern äußerst vorsichtig experimentiert hatte und daß ein solcher Ausgang in keiner Weise vorauszusehen war? Nicht nur, daß eine junge Familie vorzeitig ihren Vater verlieren sollte, auch der Gedanke, meine Arbeit als Forschungschemiker, die mir so viel bedeutete, mitten in fruchtbarer, zukunftsreicher Entwicklung unvollendet abbrechen zu müssen, steigerte meine Angst und Verzweiflung. Dazwischen tauchte voll bitterer Ironie die Überlegung auf, daß ebendieses Lysergsäure-diäthylamid, das ich in die Welt gesetzt hatte, mich nun zwang, sie vorzeitig zu verlassen.

Der Höhepunkt meines verzweifelten Zustandes war bereits überschritten, als der Arzt eintraf. Meine Laborantin klärte ihn über meinen Selbstversuch auf, da ich selbst noch nicht fähig war, einen zusammenhängenden Satz zu formulieren. Nachdem ich ihn auf meinen vermeintlich vom Tode bedrohten körperlichen Zustand hinzuweisen versucht hatte, schüttelte er ratlos den Kopf, da er außer extrem weiten Pupillen keinerlei abnorme Symptome feststellen konnte. Puls, Blutdruck und Atmung waren normal. Er verabfolgte daher keine Medikamente, trug mich ins Schlafzimmer und wachte an meinem Bett. Langsam kam ich nun wieder aus einer unheimlich fremdartigen Welt zurück in die vertraute Alltagswirklichkeit. Der Schrecken wich und machte einem Gefühl des Glücks und der Dankbarkeit Platz, je mehr normales Fühlen und Denken zurückkehrten und die Gewißheit wuchs, daß ich der Gefahr des Wahnsinns endgültig entronnen war.

Jetzt begann ich allmählich das unerhörte Farben- und Formenspiel zu genießen, das hinter meinen geschlossenen Augen andauerte. Kaleidoskopartig sich verändernd, drangen bunte, phantastische Gebilde auf mich ein, in Kreisen und Spiralen sich öffnend und wieder schließend, in Farbfontänen zersprühend, sich neu ordnend und kreuzend, in ständigem Fluß. Besonders merkwürdig war, wie alle akustischen Wahrnehmungen, etwa das Geräusch einer Türklinke oder eines vorbeifahrenden Autos, sich in optische Empfindungen verwandelten. Jeder Laut erzeugte ein in Form und Farbe entsprechendes, lebendig wechselndes Bild.

Am späten Abend kehrte meine Frau aus Luzern zurück. Man hatte ihr telefonisch mitgeteilt, ich hätte einen rätselhaften Zusammenbruch erlitten. Sie ließ die Kinder bei ihren Eltern zurück. Ich hatte mich nun schon wieder soweit erholt, daß ich erzählen konnte, was vorgefallen war.

Erschöpft schlief ich dann ein und erwachte am nächsten Morgen erfrischt mit klarem Kopf, wenn auch körperlich noch etwas müde. Ein Gefühl von Wohlbehagen und neuem Leben durchströmte mich. Das Frühstück schmeckte herrlich, ein außerordentlicher Genuß.

Als ich später in den Garten hinaustrat, in dem nach einem Frühlingsregen nun die Sonne schien, glitzerte und glänzte nun alles in einem frischen Licht. Die Welt war wie neu erschaffen. Alle meine Sinne schwangen in einem Zustand höchster Empfindlichkeit, der noch den ganzen Tag anhielt.

Dieser Selbstversuch zeigte, daß es sich bei LSD-25 um einen psychoaktiven Stoff mit außergewöhnlichen Eigenschaften handelte. Es war meines Wissens noch keine Substanz bekannt, die in so extrem niedriger Dosierung so tiefgreifende psychische Wirkungen hervorrief und derart dramatische Veränderungen im Erleben der äußeren und der inneren Welt und im Bewußtsein des Menschen erzeugte.

Von großer Bedeutung schien mir auch, daß ich mich an alle

Einzelheiten des im LSD-Rausch Erlebten erinnern konnte. Das war nur so zu erklären, daß trotz der intensiven Störung des normalen Weltbildes selbst am Höhepunkt des LSD-Erlebnisses das registrierfähige Bewußtsein nicht außer Kraft gesetzt war. Auch war ich mir während der ganzen Dauer des Versuchs bewußt, im Experiment zu stehen, ohne daß ich allerdings aus der Erkenntnis meiner Lage heraus und bei aller Willensanstrengung fähig gewesen wäre, die LSD-Welt zu verscheuchen. Ich erlebte sie in ihrer erschreckenden Wirklichkeit als ganz real, erschrekkend, weil das Bild der anderen, der vertrauten Alltagswirklichkeit im Bewußtsein voll erhalten geblieben war.

Was ich ferner an LSD erstaunlich fand, war seine Eigenschaft, einen derart umfassenden, gewaltigen Rauschzustand zu erzeugen, ohne einen Kater zu hinterlassen. Ganz im Gegenteil fühlte ich mich am Tag nach dem LSD-Experiment, wie schon beschrieben, in ausgezeichneter physischer und psychischer Verfassung.

Ich war mir bewußt, daß der neue Wirkstoff LSD mit derartigen Eigenschaften in der Pharmakologie, in der Neurologie und ganz besonders in der Psychiatrie von Nutzen sein müsse und das Interesse der Fachgelehrten wecken werde. Allerdings konnte ich mir damals aber nicht vorstellen, daß die neue Substanz außerhalb des medizinischen Bereichs später auch in der Drogenszene als Rauschmittel gebraucht werden könnte. So wie ich LSD bei meinem ersten Selbstversuch in seiner erschreckenden Dämonie erlebt hatte, konnte ich gar nicht auf den Gedanken kommen, dieser Stoff könne jemals sozusagen als Genußmittel Anwendung finden.

Auch den bedeutungsvollen Zusammenhang des LSD-Rausches mit spontanem visionären Erleben erkannte ich erst später, nach weiteren Versuchen, die mit viel niedrigeren Dosierungen und unter anderen Bedingungen durchgeführt wurden.

Am nächsten Tag schrieb ich den schon erwähnten Bericht an Professor Stoll über meine außergewöhnlichen Erfahrungen mit der Substanz LSD-25, mit einer Kopie an den Vorsteher der pharmakologischen Abteilung, Professor Rothlin.

Wie nicht anders zu erwarten war, erregte mein Bericht vorerst ungläubiges Staunen. Sogleich kam ein Telefonanruf von der Direktion; Professor Stoll fragte: »Sind Sie sicher, daß Sie bei der Einwaage keinen Fehler gemacht haben? Stimmt die angegebene Dosierung wirklich?« Auch Professor Rothlin stellte die gleiche Frage. Ich war jedoch meiner Sache sicher, denn ich hatte die Wägung und Dosierung eigenhändig ausgeführt. Die geäußerten Zweifel waren insofern berechtigt, als bis dahin keine Substanz bekannt war, die in Bruchteilen eines Tausendstelgramms auch nur die geringste psychische Wirkung entfaltet hätte. Ein Wirkstoff von einer solchen Potenz schien fast unglaublich.

Professor Rothlin selbst und zwei seiner Mitarbeiter waren die ersten, die meinen Selbstversuch wiederholten, allerdings mit nur einem Drittel der von mir verwendeten Dosis. Aber auch damit waren die Wirkungen noch überaus eindrucksvoll und phantastisch. Alle Zweifel an den Angaben meines Berichtes waren behoben.

TIMOTHY LEARY

High Priest

Michael lud mich eines Abends nach oben in sein Schlafzimmer ein und holte ein Mayonnaisenglas aus der Kommode, das randvoll gefüllt war mit einer feuchten Zuckerpaste. Da ist es, sagte er. Der Schlüssel zu Wunder und Bedeutung. Wann wirst du es nehmen? Ich schüttelte den Kopf. Ich habe schon genug Probleme, die heiligen Pilze zu verstehen. Irgendwann einmal werde ich dein LSD nehmen, aber noch bin ich nicht soweit. Er lachte. Psilocybin, das Kinderspielzeug der Indianer. Wenn du LSD genommen hast, wirst du derselben Ansicht über Psilocybin sein wie ich. Nimm eine dreifache Dosis und setz dich vor den Fernseher. Du wirst das Schwarzweiß in Farbe verwandeln können.

Anfang Dezember kamen Maynard und Flo Ferguson übers Wochenende zu Besuch. Maynard gab in einem Bostoner Tanzsaal ein Konzert. Es war ein entspanntes, angenehmes Wochenende. Flo veranstaltete hübsche Sachen ums Haus herum, und Maynard erzählte lustige Geschichten aus dem Musikgeschäft. Ich hatte zur Regel gemacht, daß im Haus kein Gras geraucht werden durfte, und so verließen sie immer mit Michael das Haus und kifften, während sie in der Nachbarschaft herumfuhren. Sie hatten vor, am Sonntagnachmittag gegen fünf Uhr nach New York abzufahren. Wir saßen im Wohnzimmer vor dem Kamin, und Michael erzählte LSD-Geschichten. Flos und Maynards Interesse war geweckt. Im nächsten Moment kam Michael mit

AUS DEM AMERIKANISCHEN VON RALF CHUDOBA

dem Mayonnaisenglas und einem Löffel die Treppe heruntergesprungen. Ein überquellender Eßlöffel, wie ich sah. Ich hörte mir Schallplatten an und schenkte ihnen keine besondere Aufmerksamkeit, bis ich nach etwa einer halben Stunde aufschaute und bemerkte, daß Flo und Maynard aus dieser Welt heraus in eine Art Trance eingetreten waren. Sie saßen regungslos auf dem Sofa, ihre Augen waren geschlossen. Doch ich konnte die Energie fühlen, die von ihren Körpern ausstrahlte. Ich regelte die Lautstärke des Plattenspielers herunter und setzte mich, um sie zu beobachten. Nach etwa fünfzehn Minuten öffnete Flo die Augen, und sie lachte. Es war kein nervöses oder belustigtes Lachen. Es war das Kichern von jemandem, der nicht mehr unter den Lebenden weilt, auf irgendeinem himmlischen Berggipfel sitzt und in einer Weise auf die zwei Billionen Jahre der Evolution herunterblickt, in der man eine flüchtige Episode auf einem Kinderspielplatz betrachten würde.

Sie sah mich an und begann zu sprechen. Es war reine *Advaita vedanta*. Sie war Krishna, der Arjuna einen Vortrag hielt. Mit kicherndem, schickem Manhattan-Akzent rezitierte sie die Essenz der hinduistischen Philosophie. Maya. Nicht-Dualität. Reinkarnation. Und das wohlgemerkt von der kleinen Flo Ferguson, die die Highschool abgebrochen und noch nie in ihrem Leben ein Philosophiebuch gelesen hatte. Sie glaubte, Indianer trügen Kopfschmuck und Federn. Doch nun sprudelte aus ihrem lächelnden Rosenmund die überzeugendste religiöse Darlegung, die mir jemals in meinem Leben zu Ohren gekommen war. Timothy, du mußt es unbedingt nehmen. Mensch, das ist der Anfang und das Ende. Du mußt es unbedingt nehmen.

Ich sah zu Michael hinüber, der mich eingehend und mit einem Lächeln auf dem Gesicht beobachtete. Er hob die Augenbrauen und zuckte mit den Schultern. Nun? Ich schaute Maynard an. Er strahlte leise vor sich hin, lächelnd und nickend.

Dann meinte mein Führer, ich bin jemand, der in der Unterwelt von einem Kreis zum nächsten zieht mit diesem noch lebenden Menschen. Mein Auftrag ist es, ihm die Hölle zu zeigen. (Inferno XII)

Ich glaube, der Zeitpunkt ist gekommen, Michael, sagte ich. Mit schnellen Sprüngen war er aus dem Zimmer, und ich konnte seine Tennisschuhe die Treppenstufen hinaufpoltern hören. Er kam zurück mit dem Mayonnaisenglas und dem Löffel, der vor Zuckerpaste überlief. George Litwin, der gerade zum Abendessen nach Hause gehen wollte, saß neben mir. Michael warf ihm einen Blick zu. Er nickte. Warum nicht? und nahm seine Löffelration.

Es dauerte etwa eine halbe Stunde, bis die Wirkung einsetzte. Sie kam plötzlich und unaufhaltsam. Ein endlos tiefer, morastiger Sumpf von einem anderen Planeten, brodelnd und dampfend vor Energie und Leben, und in dem Sumpfland ein riesiger Baum, dessen Wurzeln sich meilenweit nach unten gruben und dessen Äste sich meilenweit in die Höhe und meilenweit in die Breite erstreckten. Und dann, wie ein kosmischer Staubsauger, machte dieser Baum schwwuuups, und jede Zelle meines Körpers wurde in die Wurzeln, Zweige, Äste und Blätter dieses Baumes hineingesogen. Purzelnd und herumwirbelnd ging es die weichen faserigen Alleen hinunter, einem zentralen Punkt entgegen, der nur aus Licht bestand. Nur aus Licht, aber nicht nur aus Licht. Es war der Mittelpunkt des Lebens. Ein brennender, funkelnder, pochender, strahlender Kern, reines Pulsieren, triumphierendes Licht. Eine unvergängliche Flamme, die alles enthielt – Geräusch, Berührung, Zellen, Samen, Gefühl, Seele, Schlaf, Herrlichkeit, Lobpreisung,

Gott, das strenge Auge Gottes. Einmal verschmolzen mit dieser pulsierenden Flamme, wurde es möglich, hinauszublicken, zu erkennen und teilzuhaben am gesamten kosmischen Drama. An Vergangenheit und Zukunft. Sämtliche Formen, sämtliche Strukturen, sämtliche Organismen, sämtliche Ereignisse waren illusorisch, aus dem zentralen Auge pulsierende Fernsehproduktionen. Alles, was ich jemals erlebt und gelesen hatte, tanzte in Blasen vor mir wie eine Varietévorstellung aus dem neunzehnten Jahrhundert. Meine Illusionen, die kosmischen Verkleidungen, die merkwürdigen, in ständiger Verwandlung begriffenen Bühnenrequisiten der Bäume und Körper und Theaterkulissen. Alles wirbelte heraus aus den vergänglichen Teilen des zentralen Gott-Auge-Herz-Penis-Lichtes.

It was forty years ago today
Cpl. Michael taught the band to play
They've been going in and out of fash
But they're guaranteed to be a smash

Diese Erfahrung ist selbstverständlich grenzenlos und unbeschreiblich. Nach mehreren Billionen Jahren fand ich mich auf meinen Beinen durch ein Puppentheater wandelnd wieder. Wohin gehört Timothy Leary in diesem Tanz der Illusionen? Ich dachte an meine Kinder, stieg irgendwie die Treppe hoch in den ersten Stock und öffnete die Tür zum Zimmer meiner Tochter. Susan saß auf ihrem Bett, die klassische Dreizehnjährige, das Haar mit Lockenwicklern aufgesteckt, konzentriert die Stirn über einem Schulbuch in ihrem Schoß runzelnd, während Rock-and-Roll-Musik durchs Zimmer dröhnte. Das reinste Amerikaidyll von einer Titelseite der Saturday Evening Post. Die Teenagerpuppe blickte auf. Hi, Dad. Sie kaute auf einem Bleistift herum und sah auf das Buch. Ich sackte an der Wand zusammen, starrte voller Verwunderung auf diese marionettenhafte Fremde aus dem Fließband-Amerika. Wieder schaute sie kurz auf. Hi, Dad, was wünschst du dir zu Weihnachten? Sie kaute weiter auf dem Bleistift herum, blickte stirnrunzelnd auf das Buch hinunter, wippte leicht im Rhythmus der Musik. Nach einer Minute sah sie wieder auf. Hi, Dad, ich liebe dich.

Eine Panikattacke durchzuckte mich. Dies war meine Tochter, und das hier war das Vater-Tochter-Spiel. Ein seichter, oberflächlicher, stereotyper, nichtssagender Austausch von Hi, Dad, Hi, Sue, Wie geht's dir Dad? Was macht die Schule? Was wünschst du dir zu Weihnachten? Hast du deine Hausaufgaben schon gemacht? Der Plastikpuppenvater und die Plastikpuppentochter, die sich beide auf kleine Räder gestellt in festgelegten Bahnen immer und immer wieder im Kreise umeinander drehten. Eine völlige Banalisierung der tatsächlichen Situation – zwei unglaublich komplexe, aus Trillionen Bestandteilen zusammengesetzte Zellbündel, die in einer Ewigkeit der Evolution verwurzelt waren und einen Wimpernschlag lang diese Raum-Zeit-Koordinaten teilten; und die diese seltene Gelegenheit geboten bekamen, ihre Seelen in ihrem Hi-Dad-Hi-Susan-Gequieke miteinander zu verschmelzen, dazu aber zu ausgelaugt und abgestumpft waren .

Ich blickte sie flehend an, suchte einen wirklichen Kontakt. Ich war wie gelähmt vor Schuldgefühlen.

Mit mikroskopischer Klarheit erkannte ich die Egozentrik, die Scheinheiligkeit meiner Routine des hingebungsvollen Vaters. Ist es zu spät, kann ich zurückkommen, diese seltene, zitternde Gelegenheit verherrlichen? Ich drehte mich um und ging langsam die Treppe hinunter in den vorderen Flur. Der elfjährige Jack saß fernsehend auf dem Boden. Ich setzte mich neben ihn. Ohne die

Augen von der Mattscheibe zu nehmen, sagte er: Hi, Dad. Jack, Jack. Tolle Sendung, Dad. Und wieder die quälende Erkenntnis, mich blind an diesem göttlichen Buddha-Kind vergangen zu haben.

Ich folgte seinem starren Blick zum Fernsehapparat. Jack Benny, der weise, edle, duldsame Guru, spulte seine Leier ab, über den Tod, über die Vergänglichkeit des Lebens. Erinnerungen aus meiner Kindheit – Fred Allen, Jack Pearl, Will Rogers, Charlie Chaplin. Woche für Woche wiederholt die kosmische Fernsehshow dieselbe Botschaft, flößt sie den zerbrechlichen, karmischen Formen von Benny, Allen, Rogers ein, die uralte Botschaft, komisch und tragisch. Siehst du sie nicht? Sie wirbelt an dir vorbei, blendet dich. Kapierst du es nicht? Du vergehst, du vergehst. Nutze die wenigen Sekunden, die dir bleiben.

Plötzlich wußte ich, daß alles eine Botschaft der unpersönlichen, unnachgiebigen, grenzenlosen, göttlichen Intelligenz ist, die mit jeder Sekunde ein neues Netz des Lebens spinnt und uns mit einer Botschaft bombardiert. Verstehst du nicht! Du bist ein Nichts! Wach auf! Lobpreise mich! Schließe dich mir an!

Dann waren da drei Männer auf dem Bildschirm. Einer saß in einem Friseurstuhl, ein anderer stand ihm gegenüber, der dritte hatte ihnen den Rücken zugewandt. Der dritte Mann wirbelte plötzlich herum und sagte, geradewegs durch die Bildröhre in meine Augen schauend: Du bist zwei Sekunden lang tot gewesen.

Der kosmische Dramatiker benutzt verschiedene Wege, um die Botschaft rüberzubringen. Sie ist in einer Blume, sie ist in dem Licht eines Sterns, das Millionen Jahre benötigt, um deine Augen zu erreichen. Manchmal, für die Dummen, für diejenigen, die in ihrer Beschränktheit allein durch die Glotze erreicht werden können, faßt er es auch in einem Fernsehfilm in Worte. Ich bin zwei

Sekunden lang tot gewesen. Und so ist die Hölle. Voller Unbehagen, voller Schmerz über meine Blindheit, konnte ich auf die letzten vierzig Jahre zurückblicken. In jeder Sekunde bot sich mir eine goldene Gelegenheit, um mich einzuschalten, um durchzubrechen, um zu lobpreisen, um wirklich Spaß zu haben und zu der großartigen Musik Gottes zu tanzen. Doch in jeder Sekunde einer jeden Minute einer jeden Stunde eines jeden Tages spielte ich verbissen mein kleines, beschränktes geistiges Schachspiel. Die Handlung auf dem Bildschirm lief weiter, doch mein Bewußtsein schrie auf vor Reue. Furchtbarer Biß des Gewissens! Verschwendung! Verschwendung! Idiot! Wie oft hatte ich die Botschaft schon gehört? In all den großen Religionsbüchern, in all den Gedichten, sie begegnete mir überall. Vergiß dich selbst. Stell deinen Empfang um auf das große Bild.

Dann hörte ich Musik. Ich schaute auf und sah auf dem Bildschirm, wie sich Doris Day mit winkenden Händen zu mir beugte. Was sang sie da? The second time around, I'm so glad I met you, the second time around. Plötzlich fiel mir siedend heiß ein, daß so der Tod sein muß, daß so die Hölle sein muß. Es läuft einfach weiter, es nimmt kein Ende. Du bekommst deine erste Gelegenheit, zu berühren und zu schmecken, Gewebe, direkter Kontakt mit Gottes Energie, und dann, wenn das vorüber ist, ein zweites Mal, du wiederholst den ganzen Prozeß, doch es ist anders. Da ist ein Plastikfilm zwischen dir und dem göttlichen Prozeß um dich herum, deine Egozentrik, dein abgestumpfter Geist hat eine Plastikhölle erschaffen. Das ist die Bedeutung von Gespenstern und gepeinigten Geistern, die verdammt sind, bis in alle Ewigkeit zu existieren, vom Leben abgeschnitten, diesem kostbaren, zerbrechlichen Geschenk, das wir mit jeder Sekunde dieser sogenannten sterblichen Wirklichkeit vergeuden. The second time around. Das zweite Mal ist nur der Durchschlag. Ein kleines bißchen aus dem Takt. Diesmal liegst du einen Pendelschwung hinter diesem ekstatischen Schnittpunkt, den die Lebenden Leben und die Gepeinigten Paradies nennen.

Später schwamm ich in die Küche. Auf dem Tisch lag ein Buch. Ich schlug es auf. Innerhalb einer Sekunde sah ich, wie die Geschichte eines jeden Wortes auf der Seite zurückführte und immer weiter zurückführte zu den Anfängen der geschriebenen Sprache. Zurück zu einem Satz. Der Tod des Vaters, *morte du père*, und in diesem Satz, komprimiert und verdichtet zu der Essenz des einen Wortes, *morte*, war sie wieder da, die bittere Gegenüberstellung.

Ich saß auf dem Küchenboden, schaute auf meinen Körper, auf meine Haut aus sorgfältig behandeltem Leder, ausgezeichnet geschneidert, aber tot. Ich sah Plastikvenen, blau und rosa, und ich sah Fingernägel aus Zelluloid. Mein Verstand surrte wie ein Computer, der keine Verbindung zu etwas Lebendem hatte – kein Fleisch, keine Zelle, kein Schweiß, kein Geruch. Ich hatte meine Sinne verloren, *morte*. Tod. Mir blieb nur noch der Verstand, um dessen Universum der Gedanken auszuspinnen. Nun weißt du, wie die Hölle ist. Der vom Körper abgetrennte Verstand, vom Leben, vom Samen, von der Zelle.

George Litwin wankte in den Raum. Er war jetzt ein Franzose aus dem neunzehnten Jahrhundert, großspurig, unbekümmert, kühn. Er fuhr herum und sah mich mit qualvollen Augen an. Wir beide waren tote Männer, gefangen in dem U-Boot, das dem Untergang geweiht war. Wir sagten nichts, doch unsere Blicke trafen sich in teilnahmsvoller Panik. Vorbei. Vorbei. Es ist zu Ende.

Es war unmittelbare Telepathie. Ich war in seinem Kopf, er war in meinem Kopf, wir beide sahen die ganze Sache, die Illusion, die Künstlichkeit, die fadenscheinige Spielnatur des mentalen Universums. Der glotzäugige Ausdruck des Entsetzens verwandelte sich in sanfte Resignation, und der Buddha lächelte. Lächelnd murmelte er das Wort Harvard. Ich sagte: Amerika. Er sagte: Pflicht. Und ich sagte: Liebe. Er zuckte zusammen und nickte dann traurig lächelnd. Ja, die Liebe. Das war die ultimative Konfrontation. Das letzte zerbrochene Geheimnis aus der Trickkiste Buddhas. Es ist alles eine Illusion, sogar die Liebe. Und was bleibt? Die weisen, abgeklärten, allsehenden Augen und das leichte Lächeln um den Mund. Akzeptanz, Ruhe, resignierte Gelassenheit, es ist alles in deinem Kopf, mein Lieber, die ganze Chose, von Anfang bis Ende. Es ist das Gespinst deines eigenen Schachbretts. Cäsar, Alexander, Christus, Amerika, Timothy Leary, George Litwin, sogar die Liebe – sie existieren nur, weil du sie denkst. Hör auf, sie zu denken, und sie existieren nicht.

Dann war George nicht mehr da. Ich ließ mich zur Tür treiben. Vielleicht konnte ich ja außerhalb des Hauses etwas Solides, Wirkliches, Greifbares finden.

Ich rannte hinaus zum Rasen, zum Schnee, zu den Bäumen, zum Sternenlicht. Niemals zuvor war es schöner gewesen. Gestochen, scharf, vergrößert. Ich stand dort und lauschte nach der Antwort. Wo ist das Zentrum? Was ist wirklich? Was können wir tun? Dann rekapitulierte ich schnell aber vollständig und in aller Sorgfalt die soziale und geistige Geschichte der Menschheit. Ich lebte und arbeitete mich durch jede Lösung, die der menschliche Verstand jemals zustande zu bringen versucht hatte. Gesellschaft, Migrationen, Gruppierungen, Völkerwanderungen, Invasionen, das Anpflanzen von Früchten, das Erbauen von Städten, das rastlose Streben nach Möglichkeit und Sinn, die Verhaltensnormen, die Tabus und Blutsverwandtschaften, das Aufkommen jener strauchelnden Spezies, die nach Antwort, Ordnung, dem Zentrum sucht, die verlorenen Mutanten, die in ihren Vorderhirnen gefangen sind und sich ihren Weg zurück zum Zentrum zu denken und zu erarbeiten versuchen. Was soll man tun und wohin soll man gehen? Was auch immer ich tun würde, ich konnte das Resultat einer jeden Handlung vorhersehen. Und langsam, wie eine Schnur, die aufgespult wird, folgte ich meiner Fußspur zurück zu diesem zentralen Ort vor dem Feuer, an dem die Session begonnen hatte. Hier war der Anfang – Michael, der meisterliche Trickbetrüger, saß ruhig da und wartete. Maynard und Flo auf der Couch. Flos Kopf lag in Maynards Schoß. Ich sagte etwas. Flo setzte sich auf und entgegnete etwas. Maynard legte den Kopf zurück und lachte. Dann wiederholte ich meine Worte, Flo setzte sich auf, Maynard lachte. Ich wiederholte meine Worte. Flo setzte sich auf und Maynard lachte. Wir waren in einer Zeitschleife gefangen, dazu verurteilt, immer und immer wieder zur Sendepause denselben kurzen Werbespot zu wiederholen.

Flo und Maynard waren schöne, für die Bühne gekleidete und geschminkte Darsteller. Die klassische zarte Schönheit und der adrette junge Musiker, kostümiert für ihre Rollen.

Ich sah Michael an. Sein trauriges Gesicht legte Zeugnis ab vom Leiden der Menschheit. Er war ganz eindeutig einer der Zwölf Apostel, der für den Augenblick in dem komischen kleinen Drama von Michael und Cambridge mitspielte und gekommen war, um uns die uralte Botschaft zu lehren, derzufolge das Zentrum drüben bei den Freunden am Feuer ist. Stilles, reserviertes Vertrauen und gegenseitige Anerkennung des ultimativen kosmologischen Horrors. Beschränkt. Beschränkt. Beschränkt. Gefangen in unseren Nervensystemen kämpfen wir darum, einmal in zehn oder zwanzig Jahren einen Blick auf den uralten, zellularen, membranartigen Sinn des Lebens werfen zu dürfen. Und bis zum nächsten pulsierenden Kontakt warten wir in jenen langen Perioden der Plastikisolation geduldig vor uns hin.

George war mittlerweile verschwunden. Sein Martyrium des Todes und der Erneuerung verlief ganz ähnlich, nur die Bühnenrequisiten waren andere. In dem Moment der ultimativen Konfrontation wußte er, daß sein Platz zu Hause bei seiner Frau war. Er lief zu seinem Auto, startete es mit Hilfe bewußter, präziser Reflexe und fuhr auf die Straße. Vor ihm war ein Volkswagen, hinter ihm waren drei Autos mit strahlenden Scheinwerfern, doch eigentlich befand sich George in einer Troika, die über die verschneite russische Steppe flüchtete. Vor ihm war ein auf und ab hoppelnder Hase, und hinter ihm waren drei Wölfe, deren gelbe Augen im Jagdfieber leuchteten. Immer und immer weiter über den Schnee sausten sie dahin, der Hase, die Troika und die drei nachjagenden Wölfe, bis plötzlich vor ihnen die Ampel rot aufleuchtete. Gehorsam blieb der Hase stehen, George brachte seine Troika zum Stehen, und in einem Ballettakt setzten sich die drei Wölfe geduldig wartend auf ihre Hinterläufe. Dann sprang die Ampel auf grün, und wieder stürmten sie los, der Hase, die Troika und die drängenden Wölfe. George wußte, um den Hasen nicht in Gefahr zu bringen oder selbst durch die Wölfe in Gefahr zu geraten, mußte er Abstand halten. Als seine Straße auftauchte, drehte er automatisch nach rechts ab, parkte das Auto, rannte ins Haus und vergrub für den Rest des Abends den Kopf im Schoß seiner Frau, womit für sie die nächste Reise begann.

In der Zwischenzeit setzte sich meine kosmische Odyssee unablässig fort. Ein Mythos folgte dem nächsten, durchlebt und zurückgeführt auf den zugrundeliegenden Blitz im ruhigen, unpersönlichen Surren ursprünglicher Schwingungen, jenseits des

Gefühls, jenseits der Zelle, jenseits des Samens, jenseits des Lebens. Das Gitterwerkpendeln der Energiemuster. Alle Formen, alle Strukturen, von Menschenhand geschaffene wie organische, wurden in ihrer molekularen Teilchennatur klar erkennbar. Jede Struktur war eine Illusion. Jede Form war eine flüchtige, im permanenten Wandel begriffene Requisite für das große Illusionstheater.

Meine vorherigen psychedelischen Sitzungen mit Psilocybin hatten mich für die verschiedenen sensorischen Ebenen des Bewußtseins zugänglich gemacht und mein Bewußtsein bis zur Membrangrenze hinausgeschoben, zu den Kontaktpunkten von Augapfel und Licht, von Gehörgang und Geräusch. Psilocybin hatte mich in Nervenfasern hineingesaugt, hinein in die Organe des Körpers, in den Herzschlag und die Atmung, hatte mich die DNA-Spiralleiter der Evolution hinunter zu den Anfängen des Lebens auf diesem Planeten geführt. Doch LSD war etwas anderes. Michaels gehäufter Löffel hatte mein Bewußtsein über das Leben hinaus in einen wirbelnden Tanz der reinen Energie schnellen lassen, wo nichts existierte außer surrende Schwingungen, und wo jede illusionäre Form einfach nur eine andere Frequenz war.

Es war die erschütterndste Erfahrung meines Lebens. Verängstigt und verwirrt saß ich da, ein Teil von Einsteins Gleichung, und konnte alles sehen und hielt verzweifelt Ausschau nach einer Struktur, die diesem gnadenlosen Bombardement der Energiewellen standhalten würde. Und während all dem saß der Architekt der Erleuchtung, der Zauberer, welcher den Schalter zu dieser alchemistischen Offenbarungsshow angeknipst hatte, mit dem Kopf auf den Knien da: Michael, der Trickbetrüger.

Als ich ihn anschaute, um in seinem Gesicht nach einer Antwort zu suchen, veränderte er sich. Er war nicht länger das abgeklärte, zynische Auge Buddhas. Ich sah ihn nun als das verlorene Opfer der durch ihn entfesselten Offenbarungen. Während ich ihn eingehend musterte, konnte ich Narben auf seinem Gesicht und seinen Händen erkennen, und sogar kleine Antennenspitzen, die ihm aus dem Kopf ragten. Er warf einen mitleiderregenden, resignierten Blick in meine Richtung. Er ist das Opfer einer höheren Gewalt, sein Bewußtsein wurde gekidnappt, vielleicht von Intelligenzen fremder Planeten. Er ist kein frei Handelnder. Er weiß, was er tut, doch er hat keine Gewalt darüber. Uns anzuturnen, war kein Akt der Liebe und Verherrlichung von ihm gewesen, sondern eine Art Zwang. Er mußte es tun. Er will, daß wir die Lähmung seiner tiefgründigen Vision teilen, daß wir sein himmlisches Dilemma teilen. Seine kosmische Einsamkeit. Denn wie kann man handeln, wenn man weiß, daß alle Formen nichts als illusorische Bündel von Schwingungen sind, ganz so wie der Bildschirm des Fernsehers? Nichts als Lichtstrahlen, derweil wir uns mit kindischen Erklärungen der Philosophie und Religion trösten.

Mit Einbruch der Dämmerung begann die Wirkung der Droge nachzulassen. Ich war immer noch berauschter als je zuvor, aber zumindest kam wieder ein wenig Struktur zurück. Der Fluß der Vibrationen hatte angehalten, und ich spürte, wie ich in einer Plastikform erstarrte. Ich empfand ein schreckliches Gefühl des Verlustes, der Nostalgie nach den langen Stunden, ja, nach der Ewigkeit, als ich mich im Herzen der Bedeutung und dem strahlenden Kern des Energieprozesses befunden hatte.

Ich ging hinauf in das Zimmer der Fergusons. Wie gelähmt saßen sie dort, empfanden dieselbe Verzweiflung über ihre Vertreibung aus dem Paradies. Ich kniete mich vor Flo nieder, legte meinen Kopf in ihren Schoß. Tränen liefen ihr die Wangen hinunter, und ich merkte, daß ich von Schluchzern geschüttelt wurde. Warum hatten wir es verloren? Warum waren wir wiedergeboren worden? In diese albernen Lederkörper mit diesen trivialen kleinen Schachbrettgehirnen? Den restlichen Vormittag lang war ich wie betäubt, fassungslos über das, was geschehen war. Ich versuchte mir vorzustellen, was ich mit diesen neuen Einsichten anfangen sollte, welchen Sinn sie ergaben, was ich mit den Lebensgewohnheiten machen sollte, die ganz offensichtlich bedeutungslos, unsinnig und vollkommen künstlich waren.

TOM WOLFE

Cosmos Tasmanische Teufelei

»Kannst *Du* den Acidtest bestehen?«
Erschallt der Ruf
   graviert sich in Lincoln Gothik
   auf jede Prankster-Netzhaut
Während wir zwei beiden
   auf diesem Friedhof inmitten von Mondstein-Grabmalen
   mit einem philosophischen
   Ist ja schließlich *dein* Arsch – lallen –
Kannst *du* den Acidtest bestehen?
Babbs und Kesey stehn schwankend
   in einem kalifornischen Friedhof
   und geben Laut
tief synchron
   zugedröhnt mit LSD am vorabendlichen Rande
   – verdammt steil hier –
   einer gewichtigen Mission:
Kannst *du* den Acidtest bestehen?
Grabsteine!
   Gewölbe, Särge und kahle Kohlenstoff-datierte Knochen
Eine Traumtransfusion
   aus der **Gemeinschaftsbrust:**
Kannst *du* den Acid-Test bestehen?
Die Gruppenseele ist ganz schön in Fahrt gekommen, Major,
   aber nicht blind im Mondenschein

Sie wurde inspiriert
zu der Zeremonie, die man für den Mondflug brauchen würde
um die Botschaft der Pranksters an alle Ecken und Enden
der Erde auszubreiten.
Ein Fest fürs Hirn:
Ein Mondschiff
Der Acidtest ...
... und als Kesey aus jener unheimlichen Nacht auf dem Friedhof auftauchte, brachte er die Vision mit, die ganze Welt anzutörnen, und obendrein eine leicht irre, aber praktische Methode, dies zu bewerkstelligen, bekannt unter der Bezeichnung
der Acidtest
Denn es steht geschrieben: ... *die prophetische Offenbarung erzeugt häufig einen starken Antrieb, die Botschaft der Gottheit allen Menschen mitzuteilen ... er entwickelt einen Ritus, der oft mit Musik, Tanz, Liturgie, Opfer verbunden ist, um eine objektivierte, stereotype Ausdrucksform des ursprünglichen religiösen Erlebnisses zu schaffen.*
Himmel noch mal! wie viele Bewegungen vor ihnen waren auf eben das gleiche Problem gestoßen. Jede Vision, jede Einsicht des ... ursprünglichen Kreises kam aus der neuen Erfahrung ... dem *Kairos* ... und wie sollte man es den anderen sagen! Wie sollte man es den Massen beibringen, die dieses Erlebnis selbst nie in ihrem Leben gehabt hatten? *Mit Worten war da nichts zu machen.* Man mußte Bedingungen schaffen, in denen die anderen zumindest eine Annäherung an dieses Gefühl, diesen erhabenen *Kairos*, verspüren würden. Man mußte sie in Ekstase versetzen ... wie buddhistische Mönche, die durch Fasten und Meditation in die kosmische Liebe eintauchen, Hindus, bis über beide Ohren zugeknallt mit *Bakhti*, der inbrünstigen Liebe, die einem widerfährt, wenn Gott von einem Besitz ergreift, Ekstatiker, die sich mit Krish-

na durch Sexorgien treiben lassen oder sich in die Völlereien von Bacchanalien stürzen, Christen, weit draußen in RANDSTADT, sei es durch gnostische Onanie oder das Herz Jesu oder das Jesuskind mit seiner blutenden Wunde – oder –

die Acidtests
Und mit einem Mal sieht Kesey, daß sie, die Pranksters, bereits sowohl die Erfahrung als auch die Maschinerie in Händen haben, um die Leute in einen so ausgerasteten Zustand zu versetzen, wie ihn die Welt noch nie gesehen hat, bis zum Zerspringen aufgezogen, erleuchtet, verstärkt und ... kontrolliert – und obendrein hatten sie den wirkungsvollsten Schlüssel, den der Mensch je ersonnen hat, um die Pforten im Gehirn zu öffnen, nämlich Owsleys LSD.

Seit Monaten ist Kesey dabei, die ... Vision von ... der **Kuppel** auszuarbeiten. Es sollte sich dabei um eine große Kuppel handeln, die auf einem zylindrischen Pfeiler steht. Das Ganze würde wie ein überdimensionaler Pilz aussehen. Viele Ebenen. Die Leute würden über eine Wendeltreppe im Zylinder hinaufgelangen – *sich eine Eintrittskarte kaufen?* – *nu-u-u-u-u-nnjja* – und die Kuppel selbst wäre mit einem riesigen Schaumstoffboden ausgelegt, auf dem man sich niederlegen konnte. Im Schaumstoff versenkt, unterhalb der Ebene des Fußbodens, sollten Projektoren installiert werden, für Filme, Video und Licht. Über den ganzen großen Raum verteilt bis hinauf in die Kuppel sollte es Lautsprecher und Mikrophone geben, und dann Bandmaschinen, mit denen man live, über Band oder über Verzögerungssysteme hören könnte. Die Leute könnten LSD oder Speed nehmen und Gras rauchen und sich hinlegen und erleben, was sie wollten, untergetaucht, umschlossen von einem Planeten aus Licht und Klängen, wie sie das Universum noch nie gehört hat. Lichter, Filme, Videobänder,

Videoaufnahmen von sich selbst, die aus den Strahlen der Suchscheinwerfer, die zwischen ihren Körpern aus dem Boden kommen, über die Kuppel blitzen und wirbeln. Klänge würden durch diesen Globus rasen wie ein Taifun. Filme und Bänder aus der Vergangenheit, Bänder und Videos, Sendungen und Bilder der Gegenwart, Bänder und humanoide Geräusche aus der Zukunft – aber alles zusammengebracht in einem Punkt: JETZT – hier und jetzt – **Kairos** – hinein ins dergestalt erweiterte Stammhirn...

Die Kuppel war natürlich Buckminster Fullers Eingebung gewesen. Die Lichtprojektionen waren hauptsächlich Gerd Sterns Sache; Gerd Stern von der USCO-Gruppe, obwohl Roy Seburn damit bereits eine Menge gemacht hatte; Page Browning zeigte hierin ein Talent, das sie alle überraschte. Aber die Zauberkuppel, der neue Planet, der war von Kesey und den Pranksters. Diese Idee ging weit über das hinaus, was man später unter dem Begriff Mixed-Media Entertainment machte; das gehört ja mittlerweile zur Standardausrüstung jeder »psychedelischen Diskothek«. Die Pranksters hatten das Supra-Medium, eine vierte Dimension – **Acid** – **Cosmo** – **All-einheit** – **Kontrolle** – **den Film** –

Aber warum eine Kuppel? Die Antwort auf alle Pranksterphantasien, die öffentlichen und die privaten, die ganze Lösung – sie hatten sie doch bereits gefunden – und zwar auf der Party mit den Hell's Angels. Diese zweitägige Fete war eigentlich keine Party gewesen. Es war eine unglaubliche Konzentration von Energie gewesen. Nicht bloß die Pranksters, sondern Leute von überall her, Heads oder Nicht-Heads, Intellektuelle, Sensationsgeile, sogar die Bullen, waren aufgekreuzt und waren von der unglaublichen Energie dieses Dings hinweggeschwemmt worden. Sie alle hatten im Film der Pranksters ihre Rolle gespielt. Und es war eine Show gewesen, die endlich mal nicht in Unterhalter und zuschauende Kundschaft aufgeteilt gewesen war; keiner hatte sich hier seine Karte gekauft und dann gesaagt: Na schön, jetzt unterhaltet mich mal. Auf der Angels Party schafften sie sich mit vereinten Kräften ein Hoch, indem jeder *sein* Ding brachte und damit die anderen unterhielt: die Angels, indem sie Angels waren, Ginsberg, indem er Ginsberg war, die Pranksters, indem sie die Pranksters waren, und die Bullen, indem sie die Bullen waren. Ja, sogar die Bullen brachten ihr Ding, indem sie ihre großen saftigen, dämonisch rotierenden roten Lichter gegen die Lehmklippe klatschen ließen und dabei knurrten und indem sie die Zähne fletschten und Laut gaben und Autos belästigten.

»Kannst *Du* den Acidtest bestehen?«

Jeder, der zum ersten Mal LSD nehmen und es durchstehen konnte ohne auszufreaken ... Leary und Alpert predigten die »inneren und die äußeren Umstände«. Alles am LSD-Nehmen, das heißt daran, ein erfolgreiches, Freakout-freies LSD-Erlebnis zu haben, hinge von den »inneren und äußeren Umständen« ab. Man sollte es in einer heiter-friedlichen und ansprechenden Umgebung nehmen, einem Haus oder einer Wohnung, die mit Gegenständen von der ehrlichen, unschuldigen Sorte geschmückt war: Turkmenische Wandbehänge, griechische Ziegenlederteppiche, getöpferte blaue Krüge von Cost Plus, gedämpftes Licht – jedoch kein Japanpapiergloben-Licht, sondern chinesische Textilampenschirme ohne Troddeln und Quasten – kurz gesagt: Nimm's im abgeschiedenen Penthouse-Landsitz eines 60.000-Dollar-Bohemiens, und sorge dafür, daß aus der Stereoanlage mit angemessen liturgischer Feierlichkeit Mozarts *Requiem* säuselt. Mit ›inneren Umständen‹ war die Geisteshaltung gemeint. Man sollte sich auf das Erlebnis dadurch vorbereiten, daß man über den Zustand des eigenen Wesens meditierte und sich entschied, was man auf dieser Reise ins Selbst entdecken oder erreichen wollte. Man sollte außerdem einen Führer bei sich haben, der selbst schon einmal LSD genommen hatte und mit den verschiedenen Stadien des Erlebnisses vertraut war, und den man kannte und dem man vertrauen konnte, und ... **Scheiß drauf!** Das zementierte doch bloß die Verdauungsschwierigkeiten der Vergangenheit, die ewigen *Verzögerungen* bei etwas, was **Jetzt** passieren sollte. Laß die Umgebung so unheiter und grell sein, wie Pranksterkünste sie nur schaffen konnten und laß die inneren Umstände bloß das sein, was du gerade im *Kopf* hast, Mensch, und laß deinen Führer, deinen vertrauten, händchenhaltenden, dir-den-Kopf-in-Windeln-legenden Führer ein Haufen DayGlo-Irrer sein, die als eines ihrer Mottos »Trau niemals einem Prankster« haben. Die Säuretests sollten wie die Angel-Party ablaufen, plus all den Ideen, die in die Kuppel-Vision eingegangen waren. Jeder sollte Acid nehmen, wann auch immer er selbst es wollte, sechs Stunden vor dem Test oder in dem Augenblick, in dem er dort einlief, wann immer er bereit war, seinen Fuß auf den neuen Planeten zu setzen. Und auf einem neuen Planeten würde er allemal landen; soviel stand fest.

Die Mysterien der Synchronizität! Äußerst seltsam ... Es stellte sich heraus, daß die Acid Tests eine Kunstform waren, die bereits in jenem seltsamen Buch *Die Letzte Generation* vorausgesehen worden war, eine Zeremonie, die dort »Völlige Identifikation« genannt wurde: »Die Geschichte des Films lieferte den Schlüssel zu ihren Unternehmungen. Zuerst der Ton, dann die Farbe, dann der stereoskopische Film, denn Cinerama hatten das alte liebe Kino des Stummfilms immer mehr der Wirklichkeit gleichgemacht. Wo war das Ende davon? Sicherlich würde die Endstufe erreicht sein, wenn das Publikum vergaß, daß es Publikum war und an der Handlung teilnahm. Um das zu erreichen, mußten alle Sinne angeregt werden, und vielleicht mußte man sogar Hypnose anwenden ... Wenn dieses Ziel erreicht war, würde es eine ungeheure Bereicherung der menschlichen Erfahrung bedeuten. Ein Mensch konnte, wenigstens für eine Weile, ein anderer werden und an irgendeinem wirklichen oder eingebildeten Abenteuer teilnehmen. Er konnte sogar eine Pflanze oder ein Tier sein, wenn es sich als möglich erwies, die Sinneseindrücke anderer Lebewesen einzufangen und wiederzugeben. Und wenn die ›Vorstellung‹ vorbei war, würde er eine Erinnerung mitnehmen, die ebenso lebhaft wie irgendein Erlebnis seines Daseins und nicht mehr von der Wirklichkeit zu unterscheiden war.«

Zu ausgefreakt wahr!!!

Der erste Acid Test ähnelte eher einer der alten Acidparties in La Honda, das heißt die Pranksters blieben unter sich, und das Ganze verlief ziemlich formlos. Natürlich hatte man sich die Sache als öffentliche Veranstaltung vorgestellt, aber die Pranksters waren nicht eben die Größten, wenn es um technische Details wie das Anmieten eines Saals ging. Der erste Test hätte in Santa Cruz stattfinden sollen, aber es gelang ihnen nicht, rechtzeitig einen Saal aufzutreiben. Also mußten sie ihn unten im Haus von Babbs abhalten. Das Haus war als The Spread, Das Weite Land, bekannt und lag ein wenig außerhalb von Santa Cruz in einer Gemeinde namens Soquel. The Spread machte den Eindruck einer heruntergewirtschafteten Hühnerfarm. Man konnte schier zuschauen, wie die wilden Wicken an Boden gewannen, zumindest dort, wo man diesen nicht angezündet und festgestampft hatte. Dicke, braune Hunde lungerten auf diesem Lehmdreck herum und dazu kaputte Fahrzeuge und verrostete Maschinen und vergammelnde Futtertröge und runderneuerte Reifen und ein kleines, altes Bauernhaus mit Linoleumfußböden und jener Art schmieriger, alter Sessel, über denen in verschlafenen Wölkchen die Polsterfliegen hingen, die sich gerade mal zwei Zentimeter zur Seite bequemten, wenn man mit der Hand nach ihnen wischte. Aber es gab dort auch vogelwilde DayGlo-Kreationen an den Wänden und an der Decke, von Babbs, und das Haus hatte eine gewisse Intimität, weil es etwas abseits versteckt lag. Wie auch immer, es blieb ihnen sowieso nichts anderes übrig, als den Test in The Spread abzuhalten.

So ziemlich alles, was sie in Sachen Werbung tun konnten, beschränkte sich auf den Tag des Tests selbst. Norman Hartweg hatte auf ein Stück Pappe ein Plakat gemalt, das er auf einige Bretter heftete, die Babbs als Stichwortzeichen im Film benutzt hatte; das Ganze wurde dann im Hip Pocket Bookstore aufgestellt. Kannst *Du* den Acidtest bestehen? Der Hip Pocket Bookstore war ein Taschenbuchladen, den Hassler und Peter Demma, einer aus dem äußeren Kreis der Pranksters, in Santa Cruz betrieben. Man hinterließ im Laden die Nachricht, daß die Sache draußen bei Babbs steigen würde. Einige der ortsansässigen Bohemiens sahen das Schild und schauten mal vorbei, aber in der Hauptsache waren es die Pranksters und ihre Freunde, die an jenem Abend in The Spread eintrudelten, einschließlich einer Reihe jener Berkeley-Leute, die schon dauernd nach La Honda kamen. Plus Allen Ginsberg mit Hofstaat.

Das Ganze begann wie jede andere Party auch; man zeigte Teile des **Films**, die man an die Wände projizierte, und spielte mit Lichtern und Bändern, und die Pranksters sorgten auch selbst für Livemusik, ganz zu schweigen von dem LSD. Die seltsame atonale chinesische Musik der Pranksters lief auf allen Frequenzen, à la John Cage. In der Hauptsache war es also nichts weiter als eine weitere La-Honda-Party – aber dann, so gegen drei Uhr nachts, passierte etwas ... Die Leute, die nicht ›dabei‹ waren, die Nicht-Eingeweihten, die nur wegen der Fete gekommen waren, die Leute, die noch nicht die **Direktion** gesehen hatten, wie etwa die aus Berkeley, die hatten sich um drei Uhr bereits alle verzogen, und der Test hatte sich bis auf den harten Kern eingedickt ... Es kam schließlich dazu, daß Kesey auf der einen Seite von Babbs' Wohnzimmer auf dem Boden saß und Ginsberg auf der anderen, und alle anderen hatten sich um diese beiden Pole versammelt wie Metallspäne um einen Magneten, die ganzen Kesey-Leute drüben bei Kesey und die ganzen Ginsberg-Leute bei Ginsberg – der Über=Westen und der Über=Osten – und man kam auf Vietnam zu sprechen. Kesey gibt seine Theorie zum besten, von Menschenmassen, die sich einfach bei den Händen nehmen und sich haufenweise vom Krieg abwenden. Ginsberg sagte, all diese Dinger, diese Kriege, wären das Ergebnis von Mißverständnissen. Keiner der da kämpfte, wollte auch tatsächlich kämpfen, und wenn sich nur alle freundlich zusammenhocken und die Sache ausdiskutieren würden, dann könnten sie zur Wurzel ihres Mißverständnisses vorstoßen und die Sache beilegen – und dann kam aus dem Hintergrund des Kesey-Kontingents die Stimme des einzigen Menschen hier im Raum, der mit dem Krieg überhaupt in Berührung gekommen war, nämlich Babbs, und der sagte:

»Ja, es ist alles so *offensichtlich*.«

Es ist alles so offensichtlich ...

Wie magisch diese Bemerkung in jenem Augenblick schien! Die magische achte Acid-Stunde – wie klar das jetzt alles war – Ginsberg hatte es ausgesprochen, und Babbs, der Krieger, hatte es bestätigt, und alles hatte sich auf diesen Augenblick hinbewegt, und mit einem Mal war alles ... so ... sonnen ... klar ...

Natürlich war der Acidtest bei Babbs bloß ein Probelauf gewesen. Er reichte nicht wirklich ... in die Welt hinaus ... Aber! bald sollten ... die Rolling Stones, Englands zweitheißeste Popgruppe, nach San Jose kommen, 40 Meilen südlich von San Franzisco, um am 4. Dezember ein Konzert im Civic Auditorium zu geben. Kesey kann schon alles sehen, da er alles schon erlebt hat. Er kann die aufgedrehten, unter Strom stehenden Teenyfreaks sehen und die sonstigen Massen, wie sie sich an jenem Abend nach dem Beatles-Konzert aus dem Cow Palace gedrängt hatten, dieses völlig ausgefranste Tier mit den rosigen Fangarmen, das da herausströmte, immer noch vor Ekstase zitternd, die Fruchtgummis schußbereit, ziellos, ohne Strömung, in der sie hätten aufgehen können ... Es *ist* alles so offensichtlich.

Drei oder vier Tage lang suchten die Pranksters in San Jose nach einem Saal, konnten aber keinen finden – Wie sollte es auch anders sein – es schien geradezu im Wesen der Dinge zu liegen, fast richtig zu sein, daß bis zur letzten Minute nichts endgültig sein sollte. Alles, was sicher war, war, daß sie in letzter Minute schon etwas finden würden. Der **Film** würde zumindest dafür sorgen. Und was, wenn nun die Massen bis zur letzten Minute nicht *wissen* würden, wo das Ganze stattfinden würde? Na ja, diejenigen, denen es bestimmt war, dort zu sein, die, die im Pudding waren, würden schon hinfinden. Schließlich war man entweder auf dem Bus oder nicht auf dem Bus, und das galt für die ganze Welt, sogar für San Jose, Kalifornien. In der letzten Minute gelang es Kesey, Big Nig, eine lokale Boheme-Größe, zu überreden, die Pranksters sein altes Monster von einem Haus benutzen zu lassen.

Kesey hatte sich mit einer Rock'n' Roll-Band zusammengetan, den Grateful Dead, deren Boss Jerry Garcia war, eben jener verwahrloste Slumbursche, der zusammen mit Page Browning und anderen Tagedieben – Lumpenbeatniks – in Palo Alto im Chateau gewohnt hatte; man hatte sie immer hinauswerfen müssen, wenn sie herübergekommen waren, um die Parties an der Perry Lane zu sprengen. Garcia erinnerte sich daran – wie sie immer hinkamen und dann »von Kesey und den Weintrinkern« mit Arschtritten hinauskomplimentiert wurden. *Die Weintrinker* – die Mittelschichtbohemiens aus der Perry Lane. Beide, Kesey und Garcia, hatten sich die ganze Zeit über aus zwei verschiedenen Richtungen auf den Pudding zubewegt, und jetzt war Garcia, ja, ein dufter Kerl, still, bis über beide Ohren im Pudding und ein großartiger Gitarrist. Garcia hatte seine Gruppe erst die »Warlocks« genannt, was soviel wie ›die Zauberer‹ oder ›Hexenmeister‹ bedeutet, und sie hatten sich so durchgeschlagen, indem sie in der Gegend von Palo Alto in Jazzschuppen und ähnlichen Läden für die Biertrinker spielten. Für die Warlocks war die Biertrinkermusik, selbst wenn man sie Jazz nannte, nichts als möchtegern, spießerhip. Auch sie hatten diese Unterscheidung längst gerafft. Bei Kesey – konnten sie einfach Musik machen, ihr eigenes Ding durchziehen.

Die Dead hatten einen Organisten, den sie Pig Pen, Saustall, nannten, und der hatte eine Hammondorgel, und diese elektronische Orgel schaffen sie in Big Nigs alten Kasten, plus der ganzen anderen elektrischen Ausrüstung, Gitarren, Bässe, sowie die elektrischen Gitarren und Bässe und Flöten und Hörner der Pranksters; dazu die Lichtorgeln und die Filmprojektionen und die Bänder und Mikrophone und Hifi-Anlagen, alles stapelt sich vor Big Nigs ungläubig aufgerissenen Augen zu einem irre glänzenden Haufen rostfreien Stahls mit blinkenden Kontrollichtern und Leuchtanzeigen und Kabelknäueln. Big Nigs Haus ist alt, und die Stromleitungen sehen aus, als würden sie schon wegschmoren, wenn er nur daran dachte, sich zum Frühstück einen Toast zu rösten. Die Pranksters sind bereit, in voller Pranksterregalienaufmachung. Paul Foster hat sein Wichtigkeits-Jacket an; er hat jetzt einen mächtigen Lockenkopf und einen lockigen Schnurrbart, der seitlich in großartige lockige Koteletten übergeht, die ihm brüllend aus dem Gesicht stehen. Page Browning ist der König der Gesichtbemaler. Er wird zu einem ausgewachsenen Teufel mit einem leuchtend orangen Gesicht, und seine Augen werden zu den Mittelpunkten zweier großer Silbersterne, die er auf das Orange gemalt hat, und sein Haar ist mit Silberstaub bestreut; mit einem silbernen Lippenstift hat er sich die Lippen versilbert. Und noch am selben Abend setzen sich sämtliche Pranksters mit Ölpastellkreiden und farbigen Stiften zusammen und produzieren in einem aberwitzigen Tempo Handzettel auf A-4-formatigen Blättern, auf denen steht: **Kannst *Du* den Acidtest bestehen?** und darunter geben sie Big Nigs Adresse an. Als die Fruchtgummibewehrten, schußbereiten Massen aus dem Rolling-Stones-Konzert im Civic Auditorium zu strömen beginnen, greifen die Pranksters an. Ein Orange & Silber-Teufel, ein vogelwilder Mann mit einem Mantel voller Anstecker – Pranksters. Pranksters! – teilen die Handzettel mit der Herausforderung aus, wie Dämonen, ja, richtige Hexenmeister, die gekommen sind, um die wilde, ziel- und sinnlose Energie, die von den Rolling Stones drinnen aufgebaut worden war, zu kanalisieren.

Und dann stapelt sich alles in Big Nigs altem Kasten, und mit einem Mal gibt es nur noch Acid und Weltirrsinn; die elektrische Orgel vibriert durch jeden Bauch in dem ganzen Laden, die jungen Leute tanzen nicht *Rock'n' Roll*, nicht den Frug und den – *was?* – des *swim*, Kumpel, sondern sie tanzen die *Ekstase*, springen rum, machen los wie die Derwische, werfen ihre Hände über den Kopf, als gehörten sie zu Daddy Grace's höchstpersönlichem abgefahrenen inneren Höflingskreis – tja! – Roy Seburns Lichter wischen ihnen über die Köpfe; Cassady rappt; Paul Foster verteilt kleine, bekloppte Gegenstände aus seinem Exzentriker-Sack, alte Trillerpfeifen, Knackfrösche, verbrannte Schlüssel, spektrale Plastikgriffe. Und jedem gehen die Augen an wie Glühbirnchen, Sicherungen schmoren durch: Dunkelheit – waaauuuuuuuuuu! – all die Sachen, die in dieser Dunkelheit zittern und vibrieren und ausfreaken – und dann klatscht einer neue Sicherungen rein, und das alte Monstrum von einem Haus erzittert auf ein Neues; die Stromleitungen krümmen sich und bröseln dahin wie verschmorte Schlangen; die Orgel verabreicht dem Bauch aufs neue ihre Vibro-Massage; weitere Sicherungen geben den Geist auf; der Verstand kreischt; Köpfe explodieren; Nachbarn rufen die Polente; 200, 300, 400 Leute von draußen werden mit in den **Film** gezogen – an den Rand des Puddings wenigstens – eine Masse, dichter gepackt und higher als irgendeine andere Masse in der Geschichte, so viel jedenfalls scheint festzustehen, und Kesey macht eine winzige Verbesserung: den kleinen Kippschalter hier, den mit der Carbontetrachloridverdünnten Vaseline Nr. 634-3 geschmierten, tja, und sie *bewegen* sich, Major, sie *kräuseln* sich, aber mit Sinn – 400 Leute, eine angetörnte Masse auf dem Weg in den Pudding; das erste Massen-Acid-Erlebnis, die Morgendämmerung der Psychedelischen Ära, der Blumenkinder-Generation und was sonst nicht noch alles, und Big Nig will die Miete ...

»Wie issn mit der Asche?«

Wie issn mit der Asche –

»Ich mein, Mensch, echt«, sagt Big Nig zu Garcia. »Ich hab von Kesey nix verlangt, verstehst, hab ihm den ganzen Laden umsonst gegeben, ich mein, echt, verstehste? und jetzt machen wir's hier so, daß jeder von den Jungs hier was *beisteuert*, Mann, verstehst, wegen der Miete.«

Wegen der Miete –
»Ja, ich mein, echt«, sagt Big Nig. Big Nig starrt Garcia an, mit dem tiefsten Blick hip-souliger Brikett-Autorität in den Augen, den man sich nur vorstellen kann, und auch nett und offiziös –
Jaa, ich mein, echt – Garcia für sein Teil hat keine Ahnung, was ihm als erstes herausplatzt, die Musik oder das orangefarbene Lachen. Aus den Augenwinkeln kann er fischäugig sein eigenes gekräuseltes, schwarzes Haar sein Gesicht umrahmen sehen – es ist so lang, daß es ihm bis auf die Schultern reicht, und es steht ihm vom Kopf wie einem sudanesischen Soldaten – und dann taucht Big Nigs ernstes, schwarzes Gesicht vor ihm auf, flattert und schwimmt komisch hinaus in das acidwonnig wogende Rote Meer aus gleißenden Gesichtern da draußen zwischen den galaktischen roten Seen an den Wänden um sie herum –
»Jaa, ich mein, Mann, echt, wegen der Miete, Mann«, sagt Big Nig. »Ihr habts mir schon sechs Sicherungen *demoliert.*«
Demoliert! Sechs Sicherungen! Garcia taucht seine Finger in die Saiten seiner Gitarre und die Töne kommen heraus wie ein mächtiges orangefarbenes Lachen sämtliche Sicherungen demoliert elektrischer Funken springt in Farben in das glitzernde Gesichtermeer. Das Ganze ist ein ausgefreakter Brüller und'n halber. Hier wird ein Stern geboren – ein Glühbirnchen im Mutterleib – und Big Nig will die Miete – ein neuer Stern wird geboren; ein neuer Planet beginnt sich zu formen; Ahura Mazda lodert im Mutterleib der Welten, hier vor unseren eigenen Augen – und Big Nig, dieses arme, alte, pathetische Brikett, will seine Miete.
Ein absolut ausgefreakter Gedanke. Ein großes, souliges Brikett mit einem derart pathetischen und spießigen Blick. Seit zwanzig Jahren lebt er hip, Mensch; Neger sehen noch nicht mal *wie Spießer aus!* Sie waren die archetypischen Soulgestalten. Aber was

ist schon Soul oder Funk oder cool oder Baby – in dieser neuen Welt der Ekstase, dem All-einen ... dem *Kairos* ...

Wenn sie nur den perfekten Laden finden könnten; einen Saal, der groß genug war für die Massen und isoliert genug, um den Bullen mit ihrer ewigen Sperrstunde und den ewigen Belästigungen aus dem Weg zu gehen. Kurz darauf fanden sie den perfekten Platz – durch Zuf –

Durch *Zu*fall, Mahavira?

Der dritte Acidtest war für Stinson Beach geplant, 15 Meilen nördlich von San Francisco; Stinson Beach war bereits ein Ort, wo sich Heads aus der Gegend trafen. Man konnte dort fast den ganzen Winter über für fast umsonst in kleinen Strandhäuschen wohnen. Und am Strand stand eine prima stabile, aus Ziegeln gemauerte Freizeithalle, alles ganz prima – aber im letzten Augenblick geht das ganze Geschäft den Bach runter, und sie verlegen die Szene ein paar Meilen weiter südlich an den Muir Beach. Die Handzettel waren bereits in allen Stadtteilen von San Franzisco, in denen Heads wohnten, verteilt worden: **Kannst *Du* den Acid-Test bestehen?** Cassady & Ann Murphy Vaudeville waren angekündigt und weitere Berühmtheiten, die *vielleicht* dort auftauchen könnten, und das schloß jeden ein, der zufällig in der Stadt war oder es noch rechtzeitig dorthin schaffen könnte, die Fugs, Ginsberg, Roland Kirk ... In der Handzettelrhetorik der Pranksters gab es immer eine hübsche Menge netter Chiffon-Konjunktive und zukünftiges Konditional, aber wer sollte schon abstreiten können, daß dieser und jener in den **Film** hineingezogen werden *könnte* ...

Wie auch immer, in letzter Minute machten sie sich also statt dessen zum Muir Beach auf. Der Umstand, daß eine Menge Leute von diesem plötzlichen Umzug keine Ahnung haben würden und nach Stinson Beach kommen und dort fröstelnd in der

Dunkelheit stehen und nie und nimmer den richtigen Ort finden würden – irgendwie schien das keinem die Freude zu verderben. Auch das war Teil einer seltsamen analogen Ordnung des Universums. Norman Hartweg zog sich sein LSD rein – diesen Abend gab's das aus den Acid-Gas-Kapseln – und dachte an Gurdjieff. Gurdjieff gab eine Zusammenkunft auch immer erst in der letzten Minute bekannt. Heut'abend werden wir uns treffen. Die Leute, die hinkamen, kamen hin; und allein in diesem Umstand lag schon Botschaft genug. Die natürlich lautete: *entweder bist du auf dem Bus oder du bist nicht auf dem Bus.*

Die, die auf dem Bus waren, selbst wenn sie keine Pranksters waren, wie etwa Marshall Efron, der rundliche Merkur des hippen Kaliforniens, oder die Hell's Angels ... die fanden alle hin. Die Bullen haben jedoch nie hingefunden. Ganz offensichtlich waren sie durch die Stinson-Beach-Handzettel von der Fährte abgelenkt worden.

Am Muir Beach gab es ein großes Gebäude im Blockhausstil für Tanzveranstaltungen, Bankette und sonstige Festlichkeiten. Dieses große Blockhaus stand auf Pfählen gebaut draußen in einer Einöde aus kühlem Marschgras. Eine weite, leere nächtliche Küste im Winter. Zu beiden Seiten standen einige kleine Holzhäuschen mit blauen Türen für Touristen; sie waren unbewohnt. Das große Gebäude hatte drei große Räume und war so um die dreißig Meter lang, alles aus unbehauenen Stämmen und Sparren und unverkleidetem Gebälk, ein fesches Schiff aus dunklem Holz und mächtig auf Wild-West-Sparta getrimmt. Die Grateful Dead stapelten sich und ihre Ausrüstung hinein und die Pranksters sich und die ihre, zu der mittlerweile eine Hammondorgel für Gretsch sowie ein großes Stroboskop-Licht gehörte.

Das Stroboskop! Das Stroboskop, oder Strobe, war ursprünglich ein Gerät gewesen, mit dem man Bewegungsabläufe studierte; man konnte damit beobachten, wie sich die Beine eines Menschen bewegten, wenn er lief. Man richtet zum Beispiel in einem dunklen Raum ein in rhythmischen Abständen aufblitzendes grelles Licht auf die Beine des Läufers. Die Frequenz des Hell-Dunkel-Rhythmus ist sehr hoch, vielleicht dreimal so schnell wie der normale Herzschlag. Jedesmal, wenn das Licht aufblitzt, sieht man ein neues Stadium im Bewegungsablauf des Läufers. Die aufeinanderfolgenden Bilder neigen dazu, vom Verstand als eingefroren betrachtet zu werden, weil sich das Licht wieder ausschaltet, bevor der sonst übliche optische Verwischungseffekt einsetzen kann. In der Welt der Heads besitzt das Stroboskop magische Eigenheiten und Möglichkeiten. Bei bestimmten Geschwindigkeiten sind die Lichter aus dem Stroboskop so synchron mit dem Schema der Gehirnwellen, daß sie bei Epileptikern einen Anfall hervorrufen können. Die Heads entdeckten bald, daß Stroboskope einen in viele der Empfindungen, die man bei einer LSD-Erfahrung hatte, versetzen konnten, ohne daß man LSD nahm. *Das Stroboskop!*

Für Leute, die unter dem mächtigen Stroboskop standen, schien sich alles in Fragmente aufzulösen. Ekstatische Tänzer – ihnen flogen die Hände von den Armen, schienen mitten in der Luft einzufrieren – ihre glänzenden Gesichter zerfielen in Scherben – hier eine schimmernd-bezahnte Ellipse, ein Paar angeblitzte Wangenknochen dort – alles flackert und zerfällt in Stücke und Bilder, wie bei einem uralten Flimmerkistenfilm – ein Mensch in Scheiben! – die ganze Weltgeschichte auf ein Schmetterlingsbrett genagelt; *die Erfahrung,* ganz klar. Das Stroboskop, die Projektoren, die Mikrophone, die Bänder, die Verstärker, das Ampex mit dem Verzögerungssystem – alles wurde in einem spiraligen, glänzenden Chaos in der Lincoln-Blockhütte aufgestellt; der gemeinschaft-

liche Haufen; Babbs arbeitet über die Anzeigeninstrumente gebeugt, spricht in die Mikrophone, um sie zu testen. Heads beginnen hereinzuströmen. Marshall Efron und Norman. Norman ist bereits leidlich ausgezonkt ... Dann kommt Kesey durch die große Eingangstür –
Alle Augen sind auf ihn gerichtet. Sein Gesicht ist ruhig, sein Kopf ist leicht schräg gelegt. Er wird etwas *tun;* alle Augen sind auf ihn gerichtet, weil das hier jetzt schrecklich wichtig scheint. Vom ersten Augenblick zieht er sie an; charismamäßig ist der Mann ein Staubsauger. Kesey geht auf das Kontrollzentrum los, sagt zu keinem auch nur ein Wort, greift in die Galaxien der Leuchtanzeigen, macht ... eine winzigkleine Verbesserung ... ja! ein Kippschalter, doppelpolig, ein einziger Wurf, doppelte Chance, die Allegorie der **Kontrolle** ...

Babbs ist da, mitsamt seinem Affen, aber er ist trotzdem dabei, die verwickeltsten Spulen, Bänder, Projektoren und was sonst noch da ist, startklar zu machen. Jeder einzelne der Pranksters, mitsamt Affen, hat eine leidlich aufreibende Aufgabe zu erfüllen; Norman, zum Beispiel, stiert auf die leuchtenden Meßinstrumente – und er kann nicht mal die Ziffern darauf sehen, so zugedröhnt ist er; die verdammten Ziffern kriechen kringelnd davon wie mächtige Parasiten unter einem Mikroskop – aber – *unter Acid funktionieren:* Babbs sagt: »Einer der Gründe, warum wir das alles hier machen, ist, damit wir lernen, wie man unter Acid funktioniert. Klar! Logisch! Bereitet euch auf **den Tag** vor, an dem die Massen, Millionen, ganze Zivilisationen auf Acid sind und nach dem Satori suchen; er ist am Kommen, dieser Tag, die Welle breitet sich aus.

Die Heads hocken allesamt auf dem Boden herum, ungefähr dreihundert Leute. Rein in den Malstrom! Ja. Bei Big Nig in San

Jose an jenem Abend hatten die meisten der jungen Leute, die die Pranksters nach dem Rolling-Stones-Konzert zusammengetrieben hatten, kein LSD genommen, obwohl bei Big Nig auch schon genug Heads dabei gewesen waren, die auf die verschiedensten Sachen stoned genug waren, um jene einfühlenden Schwingungen zu schaffen, die man als »Kontakthoch« bezeichnet. Aber dieses Mal ist das anders. Praktisch jeder, der den Laden nach dem Umzug vom Stinson Beach gefunden hat, hat zumindest soviel Ahnung von der Szene, um zu wissen, was es mit dem ›Acid‹ im ›Acidtest‹ auf sich hat. Eine Menge von ihnen hatten schon vier Stunden vorher Acid genommen, haben bereits den ersten großen Ansturm am Laufen und sind bereit ... abzuheben ... Die beiden Projektoren blinzeln **den Film** an die Wände. Der Bus und die Pranksters beginnen über die Wände des Blockhauses zu taumeln, und Babbs und Kesey rappen darüber; der Bus massig schwer und vibrierend und hopsend in der großen Dünung aus Heads und Farben – Norman, völlig zugedröhnt, sitzt am Boden, halb aus dem Häuschen vor Angst, halb aus dem Häuschen vor Ekstase, obwohl etwas in seinem Hinterkopf diese Stimmung sehr wohl als seinem Acidtestschema entsprechend identifiziert, einfach dazusitzen und zuzuschauen, sich festzuhalten, während das Zeug ihn mit sich fortspült, bis drei Uhr früh, in die magischen Stunden hinein, und dann *tanzen* – aber ein derartiges Brausen wie dieses Mal! **Der Film** und Roy Seburns Lichtmaschine werfen die intergalaktischen roten Science-Fiction-Meere in alle Ecken des Blockhauses, Öl und Wasser und Lebensmittelfarben zwischen zwei Glasplatten gepreßt und das Ganze auf eine Riesengröße aufgeblasen, so daß der Urschleim der Zellschöpfung selbst in die Äther zu ektoplastieren scheint, und dann kommen die Dead herein mit ihrem ungeheuren Unterseebootvibrato am Vibrieren, grrrrrrrrr, von den Felsen der Aleuten bis zu den *baja* Greifklippen im Golf von Kalifornien. Der überirdische Sound der Dead, Agonie in exstasis! Irgendwie unterseeisch, die halbe Zeit über dickflüssig, gewaltig laut auf jeden Fall, so als säße man unter einem Wasserfall, und gleichzeitig voll von einer Art Geisterbahnvibratoklängen, als wäre jede einzelne Saite ihrer Gitarren einen halben Häuserblock lang und würde in einem mit Erdgas gefüllten Raum schwirren, von ihrer großen elektrischen Orgel ganz zu schweigen, die wie eine Lichtspieltheater-Wurlitzer klingt, eine Diathermen-Maschine, ein CB-Funkgerät und ein Laster von der Müllabfuhr mit automatischer Preßmahlvorrichtung um 4 Uhr morgens; und alles kommt über einunddieselbe Frequenz ... Und dann mit einem Mal ein anderer Film **Der Froschmann**

Babbs und Gretsch haben sich das unten in Santa Cruz ausgedacht, die Geschichte von Babbs, dem Froschmann, der aus dem Pazifischen Ozean steigt in einem schwarzen Neopren-Taucheranzug von den Flossen bis zu der Insektenaugen-Brille, das streichespielende Ungeheuer, das sich in die Prinzessin Gretsch verliebt, mit einer ganzen Flut von anderen Szenen aus anderen Geschichten – dem Bus**film?** – stroboskopbeblitzt kommt er hereingewatschelt, umwirbt sie, gewinnt sie und verliert sie an die pazifischen Chohans, die Herren der Beschaulichkeit, in unterseeischer Projektion

Babbs! Gretsch!

Norman hat noch nie in seinem Leben einen Film unter Acid gesehen, und er wird immer tiefer, tiefer, tiefer in der Perspektive, dieser Film: der dreidimensionalste 3-D-Film, der je gedreht wurde, bis sie mit einem Mal genau vor ihm stehen; ihr Neoprenmärchen und der Pazifik, so weit, weit entfernt und schwarz da draußen jenseits der Marschen rechts und links des Hauses am

Muir Beach, bis Babbs und Gretsch in Fleisch und Blut im Raum stehen, an zwei verschiedenen Stellen, hier vor mir auf dem Strand und da drüben in eben diesem Raum hier, in eben diesem Blockhaus am Strand, Babbs am Mikrophon und Gretsch in seiner Nähe an der neuen Hammond-Orgel – was für ein herrlicher Fall von Synchronizität! Daß sie ihr eigenes Leben derart erzählen und arrangieren können, in Verzögerungen, Schicht auf Schicht, eine über der anderen.
HIIIIIIIIIIIIIIIII
und wer taucht hier mitten im Strudel auf? Kein anderer als Owsley. Owsley in einer 600-Dollar Head-Aufmachung, ist aus seinem unterirdischen Versteck – Spionage und Paranoia! – aufgetaucht, um sich das Pranksterexperiment einmal selber anzuschauen, und inmitten der schwindelerregendtaumeliganstekkenden Stimmung nimmt er LSD. Sie haben ihn nie zuvor welches nehmen sehen. Er nimmt LSD und
RRRRRRRRRRRRRRRRRREEEEEEEIIIINNN
in den Strudel und der nimmt ihn mit und kreiselt ihn hinunter in das stroboskopischstereoptische Pranksterpanoptikum in voller variabler Verzögerung

Solche Kreaturen

Hell's Angels kommen hereingegaukelt, kreischend in DayGlo, klumpen sich zusammen auf dem Boden unter dem Schwarzlicht und dann, oh sanftester Buddha, reichen sie sich glückselig diverse glitzernde Angelesoterika, Ketten, Eiserne Kreuze, Messer, Anstecker, Münzen, Schlüssel, Schraubenschlüssel, Zündkerzen, groken diese geheimnisvollen Kultgegenstände, die im DayGlo blinken ... der Orange&Silber-Teufel gleitet durch die Tanzenden, grinst sein Eiferergrinsen in jedes Gesicht, und Kesey hockt zwischen den glänzenden Spulen an der

KONTROLLE

Kesey schaut auf den Stoboskopstrudel hinaus – die Tanzenden! werfen sich herum, werden herumgeworfen! *in ecstasis!* kreisen! schweben! Menschen in Scheiben! in Tischtennisbällen! in der sahnigen, bloßgelegten Essenz, und alles erreicht einen Stand an
Synchronizität
wie er ihn nie zuvor gesehen hat. Heads aus der gesamten Acidwelt von überall her sind hier draußen, und alle wirbeln sie hinein in den Pudding. Jetzt laßt mal einen Menschen sehen, was KONTROLLE
ist. Kesey handhabt das Stroboskop und ein Ruck an dem Quecksilberschalter
hinauf
und alles geht schneller
JETZT
der ganze Strudel, so weit drinnen sind sie alle. Schneller tanzen sie, werfen sich die Hände unter den Stroboskopblitzen von den Armen wie Konfetti, glückselig strahlende Gesichter fallen auseinander und werden ausgetauscht, denn ich bin du, und du bist ich in Cosmos Tasmanischer Teufelei. Mach
langsamer
und alle werden langsamer – oder **wir** machen **es** langsamer – **Cosmo** – macht langsamer, immer noch in perfekter Synchronizität, ein Hirn, eine Energie, ein einziger Strom von Intersubjektivität. Sie ist *möglich,* diese Alchemie, von der alle Heads so sehr träumen. Es passiert in diesem Augenblick vor ihnen
KONTROLLE
Merkwürdigerweise gab es im Verlauf des Tests nach der ersten chaotischen Eruption einige lange Strecken exquisiter Lange-

weile. Exquisit deshalb, weil sie so unvermutet eintrat, nach der allgemeinen Raserei. Auf einmal passierte nichts mehr, jedenfalls nicht im üblichen Sinn. Diejenigen, die ... nicht auf dem Bus ... waren, glaubten irgendwie zu erkennen, daß die Veranstaltung nicht nach einem festen Plan, nicht nach einem Programm zu verlaufen schien. Die Grateful Dead spielten nicht in *Sets;* nicht acht Nummern pro Set und dann zwanzig Minuten Pause, und so weiter, vier oder fünf Sets und dann die Zugabe. Die Dead spielten die eine Nummer fünf Minuten und die nächste 25. Wer schaute schon auf die Uhr? Wer *konnte* schon auf die Uhr schauen, wenn die Weltgeschichte in Scheiben geschnitten vor einem liegt? Die Dead konnten so zugeknallt sein wie nur irgendeiner. Die ... Uneingeweihten begannen dann, sich umzuschauen, und sie sahen eine Menge Heads, einschließlich jener, die die Veranstaltung hier schmissen, nämlich die Pranksters, auf dem Boden hocken, gegen die Wände gelehnt wie Götterspeise in Scheiben. Und sie warteten; und es sieht ganz und gar nicht so aus, als würde einer von denen die Sache wieder in Schwung bringen. Diejenigen, die keine Lust hatten, *darauf* zu warten, drifteten nach und nach davon, stoned oder nicht, und der Test geriet langsam aber sicher in den Pudding. Die Pranksters fingen an, ihre seltsamen chinesischen Kakophonien zu spielen, vielleicht spielten sich diese auch selbst, wer weiß, und Gretsch heulte auf der neuen elektrischen Orgel los. Norman stand auf und tanzte, weil bei ihm die Zeit dazu gekommen war. Später tändelte er dann sogar ein bißchen mit der Lichtprojektion herum, nach eigenem Konzept und so, dachte aber nicht, daß er dabei gut genug war, aber die magischen Stunden kamen herauf wie elektrisch geladener Samt. Kesey sprach leise über das Mikrophon. Sie befanden sich im stillen Zentrum des Hurrikans, dem Pudding.

ERNST JÜNGER

Drogen und Rausch

Wie viele etymologische Erklärungen, so ist auch die des Wortes »Droge« unbefriedigend. Es ist obskuren Ursprunges. Wie bei »Alkohol« gibt es Ableitungen aus dem Hispano-Arabischen, auch aus dem mittelalterlichen Latein. Die Herkunft vom niederländischen »drog«, trocken, ist wahrscheinlicher. Drogen waren Stoffe, die aus vielen Ländern über die Kräuterböden, die Drogerien, in den Handel gebracht und von Ärzten, Köchen, Parfümerie- und Spezereihändlern verwandt wurden. Von jeher haftete dem Wort ein Beiklang des Geheimnisvollen, der magischen Verrichtung, speziell auch morgenländischer Herkunft an.

In unserem Zusammenhang ist »Droge« ein Stoff, der Rausch erzeugt. Allerdings muß etwas Spezifisches dazukommen, das diese Stoffe unterscheidet von solchen, die als Medizin oder zum reinen Genuß dienen. Dieses Spezifische ist nicht im Stoff, sondern in der Absicht zu suchen, denn sowohl Medizinen wie Genußmittel können auch in diesem engeren Sinn als berauschende Drogen verwandt werden.

Shakespeare spricht einmal im »Sommernachtstraum« vom »gemeinen« Schlaf, den er unterscheidet vom stärkeren, magischen Bann. Der eine bringt Träume, der andere Visionen und Prophezeiungen. Ähnlich zeigt auch der durch die Droge erzeugte Rausch besondere, schwer zu umschreibende Wirkungen. Wer ihn erstrebt, verfolgt besondere Absichten. Und wer das Wort »Droge« in diesem Sinn verwendet, setzt ein Einverständnis des

Hörers oder des Lesers voraus, das sich nicht more geometrico definieren läßt. Er betritt mit ihnen ein Grenzgebiet.

*

Aufgüsse und Konzentrate, Abkochungen und Elixiere, Pulver und Pillen, Salben, Pasten und Harze können in diesem spezifischen Sinn als Drogen verwandt werden. Der Stoff kann fest, flüssig, rauch- oder gasförmig sein; er kann gegessen, getrunken, eingerieben, inhaliert, geraucht, geschnupft, gespritzt werden.

Um den Rausch zu erzeugen, bedarf es nicht nur eines bestimmten Stoffes, sondern auch einer gewissen Menge oder Konzentration. Die Dosis kann zu gering oder zu stark sein – im ersten Fall wird sie nicht über die Nüchternheit hinaus-, im zweiten wird sie in die Bewußtlosigkeit hineinführen. Bei der Gewöhnung an eine Droge fällt es bekanntlich immer schwerer, den Mittelweg zu halten – auf der einen Seite wird die Depression, auf der anderen die Dosis bedrohlicher. Der Preis wird immer höher, der für die Lust gefordert wird. Da heißt es umkehren oder zugrunde gehen.

Wenn die Wirkung der Droge nachläßt, kann entweder die Menge oder die Konzentration erhöht werden. Das ist der Fall des Rauchers oder des Trinkers, der zunächst den gewohnten Konsum steigert und dann zu stärkeren Sorten übergeht. Damit deutet sich zugleich an, daß ihm der reine Genuß nicht mehr genügt. Eine dritte Möglichkeit liegt in der Veränderung der Periodik – im Übergang von der täglichen Gewöhnung zum seltenen, festlichen Exzeß.

In diesem dritten Falle wird nicht die Dosis gesteigert, sondern die Empfänglichkeit. Der Raucher, der die Disziplin aufbringt, sich mit einer Morgenzigarette zu begnügen, wird dennoch insofern auf seine Kosten kommen, als er eine Intensität des Genusses erreicht, die ihm trotz einem viel stärkeren Konsum bislang fremd geblieben war. Das trägt allerdings wieder zur Versuchung bei.

*

Die Dosis, die zum Rausch führt, kann also minimal sein, wenn die Bereitschaft genügt. Auch in dieser Hinsicht gibt es Sensitive, die besonders anfällig sind. Die Normen, die der Gesetzgeber aufzustellen sich veranlaßt sieht, etwa im Verkehrsrecht, geben nur einen groben Maßstab ab. Er wird immer strenger werden, weil die empirische Welt täglich neue Beweise dafür bringt, daß in Rausch und Technik zwei Mächte zusammenstoßen, die sich ausschließen. Das gilt freilich nicht für die Droge überhaupt. Vielmehr nehmen die Zahl der Mittel und der Umfang ihrer Anwendung ununterbrochen zu. Es mehren sich die Leistungen, bei denen die angemessene Drogierung nicht nur geboten, sondern unumgänglich ist. Das wird zu einer besonderen Wissenschaft.

Die Bereitschaft, die zum Rausch führt, kann so stark werden, daß reine Verhaltensweisen genügen und Mittel sich erübrigen. Das ist vor allem der Askese vorbehalten; ihr enges Verhältnis zur Ekstase ist seit jeher bekannt. Zur Enthaltsamkeit, zum Wachen und Fasten kommt die Einsamkeit, die auch dem Künstler und dem Gelehrten immer wieder Kraft spendet. Das Anfluten von Bildern in der Thebais: Televisionen, die nicht auf Drogen, geschweige denn auf Apparate angewiesen sind.

Der Denker, der Künstler, der gut in Form ist, kennt solche Phasen, in denen neues Licht zuflutet. Die Welt beginnt zu sprechen und dem Geist mit quellender Kraft zu antworten. Die Dinge scheinen sich aufzuladen; ihre Schönheit, ihre sinnvolle Ordnung tritt auf eine neue Weise hervor. Dieses In-Form-Sein ist vom physischen Wohlbehagen unabhängig; oft steht es in Gegensatz zu ihm, fast als ob im Zustand der Schwächung die Bilder leichter Zugang fänden als sonst. Allerdings hat schon Reichenbach davor gewarnt, Sensitivität und Krankheit zu verwechseln – doch ist es nicht einfach, hier dem Irrtum zu entgehen. Das zeigt sich besonders bei den Disputen, in denen vom Werk her auf die Psyche des Künstlers geschlossen wird. Es ist kein Zufall, daß gerade unsere Zeit reich an solchen Streitfällen ist. Wahrscheinlich gehen nicht nur produktiven Phasen im Leben des Einzelnen, sondern auch dem Stilwandel innerhalb der Kulturen Zustände erhöhter Bereitschaft voraus. Sie zeigen notwendig eine babylonische Verwirrung sowohl der Formensprache als auch der Sprache überhaupt.

*

Zustände der Exzitation oder der Meditation, die denen des Rausches ähnlich sind, können auch auftreten, ohne daß toxische Mittel verwandt worden sind. Das weist darauf hin, daß durch die Droge Kräfte geweckt werden, die umfassender sind als die einer spezifischen Intoxikation. Sie ist ein Schlüssel zu Reichen, die der normalen Wahrnehmung verschlossen sind, doch nicht der einzige.

Für das, was erstrebt wird, dürfte der Begriff des Rausches nicht ausreichen, falls er nicht auf eine Weise erweitert wird, die mannigfaltige und auch konträre Erscheinungen umgreift. Wir begannen ja mit der Feststellung, daß die Droge sowohl auf den Willen wie auf die Anschauung wirkt. Innerhalb dieser Ambivalenz gibt es eine große Skala, die nach beiden Seiten zur Bewußtlosigkeit führt und endlich zum Tod. Die Drogen können als Exzitantien und Stimulantien, als Somnifera, Narcotica und Phantastica begehrt werden; sie dienen sowohl zur Betäubung wie zur Anregung. Hasan Sabbâh, der Alte vom Berge, war mit dieser

Skala in ihrem vollen Umfang vertraut. Er führte die Fedavis, die Geweihten, die später auch die Assassinen genannt wurden, aus der Ruhe künstlicher Paradiese bis zum rasenden Amoklauf gegen Fürsten und Statthalter. Nichts Gleiches, wohl aber Verwandtes findet sich innerhalb der Verstrickung unserer technischen Welt. Zu ihren Tendenzen gehören sowohl die Flucht in die Betäubung wie die Steigerung der Motorik durch Stimulantien.

Der Gesetzgeber muß diese Fülle vereinfachen. Er sieht den Rausch als den »durch Rauschgifte bewirkten Zustand, insbesondere die akute Alkoholvergiftung« an. Ihm liegt es ob, zu entscheiden, wo individuell der Rausch mit einer Tat, auch einem Unterlassen, zu schaffen hatte oder nicht. Zu beurteilen, mit welcher Bewußtseinslage die strafbare Abweichung beginnt, ist schon deshalb schwierig, weil es Drogen gibt, die wenigstens zeitweilig die technische Leistung begünstigen. Die Wettkämpfer haben solche Mittel zu allen Zeiten gekannt, doch die Grenze ist flüssig, die das Doping von der erlaubten Anregung trennt.

Alljährlich kommen neue Drogen in den Handel, deren Gefährlichkeit oft erst erkannt wird, wenn sie bereits Schaden getan haben. Bei anderen ist die Schädigung minimal, doch summiert sie sich in Jahrzehnten der Anwendung auf oft verhängnisvolle Art. Das gilt für anregende Drogen wie den Tabak und auch für betäubende wie die leichten Schlafmittel. Dazu kommt, daß Stimulantia und Narcotica oft nebeneinander oder, besser gesagt, gegeneinander gebraucht werden. Die Säge geht hin und her. Man könnte auch an die Belastung einer Waage denken: zu jedem Gewicht wird ein Gegengewicht auf die Schalen gelegt. So wird ein künstliches Äquilibrium gehalten, bis eines Tages der Waagbalken bricht.

*

Der Unbeteiligte, der Nüchterne, bemerkt am Spektrum des Rausches vor allem jene Seite, auf der Bewegung stattfindet. Dort ist das Anderssein nicht zu ignorieren; es kündet sich weithin den Augen und Ohren an. Die Worte für diesen Zustand beziehen sich, wenigstens in den Bier- und den Weinländern, entweder auf das übermäßige Trinken oder auf die gesteigerte Aktivität. Meist führen sie sich auf das lateinische »bibo« und »ebrius«, auf das althochdeutsche »trinkan« und das gotische »drigkan« zurück.

»Rauschen« dagegen bezeichnet eine lebhafte Bewegung, etwa von Flügeln, die auch akustisch, als »Geräusch«, bemerkbar wird. Die Bewegung kann heftig werden – das angelsächsische »rush« für »stürzen« gehört hierher. Zu denken ist ferner an erhöhte, vibrierende Vitalität. »Rauschzeit« ist Paarungszeit. Vom Eber sagt man, daß er dann »rauschig« wird. Insekten und Vögel versammeln sich zu Schwärmen; gleich nach dem Hochzeitsflug fallen den Termiten die Flügel ab.

Rauschzeit ist Schwarmzeit; Menschen und Tiere versammeln sich. Schon deshalb ist die aktive, willensmäßige Seite des Rausches besser bekannt. Der Berauschte scheut die Gesellschaft nicht; er fühlt sich wohl im festlichen Trubel und sucht nicht die Einsamkeit. Oft benimmt er sich auffällig, doch genießt er hinsichtlich seines Verhaltens eine größere Lizenz als der Nüchterne. Den Lachenden sieht man lieber als den Betrübten; der Angeheiterte wird mit Wohlwollen betrachtet, oft auch als jener, der die Langeweile vertreibt und die Stimmung belebt. Ein Bote des Dionysos tritt ein und öffnet das Tor zur närrischen Welt. Das wirkt selbst auf den Nüchternen ansteckend.

Diese gesteigerte und nicht zu übersehende Aktivität hat dem Wort »Rausch« den Akzent erteilt. Ganz allgemein beansprucht die sichtbare Seite der Dinge auch in der Sprache einen stärkeren

Anteil als die verborgene. Ein Beispiel dafür bietet das Wort »Tag«. Wenn wir es aussprechen, umfassen wir damit zugleich die Nacht. Die Lichtseite bezieht also den Schatten mit ein. Wir denken gemeinhin kaum darüber nach. Ganz ähnlich bezieht das Wort »Rausch«, obwohl es die augenfällige Steigerung der Lebenskräfte betont, auch ihre Dämpfung mit ein: die lethargischen und reglosen, dem Schlaf und dem Traum ähnelnden Zustände.

Der Rausch äußert sich in verschiedenen, oft konträren Erscheinungen; die Droge erzeugt ebenso verschiedene Wirkungen. Trotzdem ergänzen sich beide zu einem Komplex von großer Spannweite. Hasan Sabbâh soll seine Assassinen durch ein und dasselbe Mittel, den Haschisch, sowohl in die Welt glückseliger Träume wie in die des Mordes geführt haben.

*

Wer sich betäuben will, verhält sich anders als jener, der sich nach Art der Schwärmer zu berauschen gedenkt. Er sucht nicht die Gesellschaft, sondern die Einsamkeit auf. Er steht der Sucht näher, daher pflegt er sein Tun zu verbergen, dem auch die festliche Periodik fehlt. Der »heimliche Trinker« gilt als bedenklicher Typ.

Wer sich schwer und gewohnheitsmäßig betäubt, ist schon deshalb auf Heimlichkeit angewiesen, weil die Droge fast immer aus dunklen Quellen stammt. Ihr Genuß führt in eine Zone der Illegalität. Es gehört daher zu den Anzeichen beginnender Anarchie, wenn derart Berauschte die Öffentlichkeit nicht mehr scheuen. So konnte man nach dem Ersten Weltkrieg in den Cafés Drogierte beobachten, die dort »Löcher in die Luft starrten«.

Der Betäubte meidet aber nicht nur deshalb die Gesellschaft, weil er sie aus verschiedenen Gründen zu fürchten hat. Er ist seiner Natur nach auf Einsamkeit angewiesen; sein Wesen ist nicht mitteilender, sondern empfangender, rezeptiver Natur. Er sitzt wie vor einem magischen Spiegel, regungslos in sich selbst versunken, und immer ist es dieses Selbst, das er genießt, sei es als reine Euphorie, sei es als Bildwelt, die sein Inneres erzeugt und die auf ihn zurückflutet. So gibt es Lampen, deren fluoreszierendes Licht einen grauen Stein in eine Goldstufe verwandeln kann.

Baudelaire, der den Haschisch »eine Waffe zum Selbstmord« nennt, erwähnt unter anderen Wirkungen die außerordentliche Kälte nach dem Genuß der Droge, den er zur »Klasse der einsamen Freuden« zählt. Dieses Frieren, das auch andere Phantastica erzeugen, ist nicht nur physischer Natur. Es ist auch ein Zeichen der Einsamkeit.

*

Narkissos war der Sohn eines Flußgottes und einer Nymphe, der Liriope. Die Mutter war von seiner Schönheit ebenso entzückt wie durch seine Kaltsinnigkeit erschreckt. Um sein Schicksal besorgt, fragte sie den Seher Teiresias um Rat und hörte von ihm das Orakel: ihrem Sohn werde, falls er sich selbst nicht kennenlernen würde, ein langes Leben beschieden sein. Das rätselhafte Wort ging in Erfüllung, als Narkissos eines Tages, von der Jagd heimkehrend, sich durstig über einen Quell beugte und in ihm sein Spiegelbild sah. Der Jüngling verliebte sich in das Phantom, und er verzehrte sich in ungestillter Sehnsucht nach dem eigenen Bilde, bis er zugrunde ging. Die Götter verwandelten ihn in eine Blume von betäubendem Duft, in die Narzisse, die noch heute seinen Namen trägt und deren Blüte sich gern über stille Gewässer neigt.

Wahrscheinlich haben sich vom Narkissos-Mythos, wie von so vielen anderen, nur Rudimente erhalten; sein großes Thema scheint die Sehnsucht gewesen zu sein. Ihr erlag auch die Nymphe Echo, die sich vergeblich nach der Umarmung des Narkissos sehnte und sich vor Gram verzehrte, bis endlich von ihr nichts mehr als die Stimme blieb. Narkissos lernte sich kennen, doch er erkannte sich nicht. »Erkenne dich selbst!« stand über dem Apollo-Tempel zu Delphi; Narkissos scheiterte wie so viele andere vor und nach ihm an dieser schwersten der Aufgaben; er suchte vergeblich sein Selbst in seinem Spiegelbild. Das Wort »erkennen« hat doppelte Bedeutung; Narkissos läßt sich auf ein erotisches wie Faust auf ein geistiges Wagnis ein.

Eben diese verzehrende Sehnsucht ist auch ein Kennzeichen der Droge und ihres Genusses; die Begier bleibt immer wieder hinter der Erfüllung zurück. Die Bilder locken wie eine Wüstenspiegelung; der Durst wird brennender. Wir können auch an den Einstieg in eine Grotte denken, die sich in ein Labyrinth von immer engeren und unwegsameren Gängen verzweigt. Dort droht das Schicksal Elis Fröboms, des Helden in Hoffmanns »Bergwerken zu Falun«. Er kommt nicht wieder, ist der Welt verloren, und ähnlich erging es dem Mönch von Heisterbach, der sich im Wald verirrte und erst nach dreihundert Jahren wieder in sein Kloster fand. Dieser Wald ist die Zeit.

PETER WEIBEL

Dope und Pop

Droge und Popmusik, ein viel genanntes, doch ungeschriebenes Kapitel. Nicht nur bei bekannten Drogen-Rockgruppen wie The Doors, benannt nach Aldous Huxleys Meskalin-Buch *The Doors of Perception*, das ein Echo der Verse des visionären Dichters William Blake ist: »Würden die Pforten der Wahrnehmung gereinigt, erschiene den Menschen alles, wie es ist: unendlich«; The Velvet Underground, die einer Heroin-Heroine und der *Venus im Pelz* des Wiener Ritters von Sacher-Masoch Songs widmeten; The Soft Machine nach einer Zeile des Drogendichters William Burroughs; The Grateful Dead (!), Cream, die dem seltsamen Gebräu, Strange Brew, genau wie Miles Davis dem Bitches Brew, dem Hexengebräuch, ein Loblied sangen; Hapshash and the Coloured Coat, The Jimi Hendrix Experience, Janis Joplin, Pink Floyd, The Rolling Stones, Quicksilver Messenger Service, Taste, Hawkwind etc., sondern auch bei Teeny-Popers kommen Anspielungen auf die Droge vor. Die Beatles zum Beispiel sangen über A cold Turkey, die plötzliche Entziehung einer Droge, oder Lucy in the Sky with Diamonds, abgekürzt ergibt das LSD. Der Jazz- und Popslang ist heavy durchsetzt von Drugslang. Als Entzifferungshilfe bei den Songtexten ein kleines Wörterbuch der Drogensprache, in der sich Negerslang, Suchtslang, Jazzslang, Popslang mischen.

Acid – LSD
Acid head – LSD-Schlucker
Acid test – Party, auf der LSD im Punch war
Artillery – Drogen-Injektionsausrüstung
Bag – Drogenbehälter
Bagman – Drogenlieferant
Ball – eine Drogenparty, die dich wegbläst
Bang – Drogen injizieren
Barbs – Barbiturate
The Beast – LSD
Bennies – Benzedrin
Bernice – Kokain
Big D – LSD
Big John – Polizei
Biz – Drogen-Injektionsausrüstung
Black – Opium
Blanks – Narkotika schlechter Qualität
Blast – eine Marihuana-Zigarette rauchen
Blasted – unter Drogeneinfluß
Blow – eine Marihuana-Zigarette rauchen
Blow Job – eine M.-Zigarette rauchen oder einen Schwanz blasen (siehe den Andy-Warhol-Film gleichen Titels)
Blow your cool – die Selbstkontrolle verlieren
Blow a stick – eine M.-Zigarette rauchen
Blue Birds – Sodium Amytal (vgl. Charlie Parker)
Blue Devils – Amytal-Kapseln
Blue Heaven – Amytal
Blue Velvet – Paregoric und Antihistamin
Bombido – einspritzbares Amphetamin
Boxed – im Gefängnis

Bread – Geld
Brick – Ein Kilo Marihuana in komprimierter Ziegelform
Brownshoes – Braunschuhe, früher Name für »squares«, Normalbürger
Buzz on – sich wohl fühlen
Candy – Barbiturate
Charged up – unter Drogeneinfluß
The Chief – LSD
Chipping – kleine Drogendosen auf unregelmäßiger Basis nehmen
Chippy – siehe oben, aber auch: Prostituierte (auch Chipper)
Chiva – Stoff oder Heroin
Clear up – sich von Drogen zurückziehen
Coke – Kokain
Cokie – Kokainsüchtiger
Cold Turkey – plötzlicher Drogenentzug
Connect – Drogen kaufen
A Connection – Drogenlieferant (vgl. den Film *French Connection*)
Contact High – durch bloßen Kontakt mit jemand, der high ist, selbst high werden
Co-Pilots – Amphetamin-Tabletten
Cop – Drogen erwerben
Corine – Kokain
Cotics – Narkotica
Crackers – LSD
Crash – hart und schnell von einem Trip runterkommen
Crutch – Behälter für eine hypodermische Nadel
The Cube – LSD
Cut – eine Droge verfälschen
Dealer – Drogenlieferant

Dirty – in Drogenbesitz sein oder bei solchem erwischt werden
Dollies – Dolophin-Tabletten
Domino – Drogen erwerben
Dope – jede Droge
Doper – Süchtiger (auch Dopey)
Double Trouble – Tuinal-Kapsel
Doup – einen joint rauchen oder Heroin spritzen
Dust – Kokain
Dude – ein männlicher Süchtiger
Explorers Club – eine Gruppe von Acid-Köpfen
Factory – Drogen-Injektionsausrüstung
Fink – Informant
Fix – eine Drogendose injizieren, Fixer
Flake – Kokain
Flash – eine plötzliche starke Reaktion auf eine Droge, bzw. nach dem Fixen in die Luft gehen, »auf die Höhe gehoben werden« (S. Freud)
Flea Powder – Narkotika schlechter Qualität
Floating – unter Drogeneinfluß
Footballs – oval geformte Amphetamin-Sulfat-Tabletten
Frantic – in einem nervösen Zustand, wenn man einen Fix braucht
Freak out – einen schlechten Trip haben
Fuzz – Marihuana
Gage – Marihuana
Gassing – Benzindampf schnupfen
Gee Head – Paregoric-Süchtiger
Geetis – Geld
Geezer – eine Drogeninjektion
The Ghost – LSD
Gimmicks – Drogen-Injektionsausrüstung

Glue – Leimschnupfer
Gold dust – Kokain
Good H – Heroin guter Qualität
Goods – Narkotika
Goofer – Pillenschlucker
Gow-Head – Opiumsüchtiger
Grass – Marihuana
Grasshopper – Marihuana-Raucher
Griefo – Marihuana
Ground Control – Aufpasser bei einer LSD-Session
Guru – Begleiter auf einem Trip, der schon Erfahrung hat
H – Heroin
Habit – Drogengewöhnung
Hang up – ein persönliches Problem
Hard stuff – Morphium, Kokain, Heroin
Harry – Heroin
The Hawk – LSD
Hay – Marihuana
Hash – Haschisch
Heat – Polizei
Hemp – Marihuana
High – unter Drogeneinfluß
Hip, Hep – Gegenteil von »square«, einer der versteht
Hippies – Beatniks
Holding – Drogen besitzen
Hog – ein Süchtiger, der alles nimmt, was ihm unter die Hände kommt
Hooked – süchtig
Hophead – Drogensüchtiger
Hopped up – unter Drogeneinfluß

Horning – Narkotika durch die Nase schnupfen
Horse – Heroin
Hot shot – eine gefährlich hohe Dosis
Hype – Drogensüchtiger
Ice cream habit – Drogengebrauch auf kleiner, unregelmäßiger Basis
Jive – Marihuana oder in-group Gespräch
Jive sticks – Marihuana-Zigaretten
Job – Drogen injizieren
Joint – Marihuana, Zigarette
Joy-Pop – unregelmäßig kleine Drogendosen injizieren
Joy-Power – Heroin
Junk – Narkotika
Junkie – ein Drogenabhängiger
Kick – Drogenabhängigkeit aufgeben
Layout – Drogen-Injektionsausrüstung
Lipton Tea – Narkotika schlechter Qualität
Loaded – unter Heroin- oder Marihuana-Einfluß
M – Morphium
Machinery – Drogen-Injektionsausrüstung
Main-line – die Droge direkt in die Vene spritzen
The Man – der Mann, der die Droge bringt, aber auch: Polizist
Mary Jane – Marihuana
MDA – Methyendioxylamphetamin, euphorisierendes Stimulans mit aphrodisischen Nebenwirkungen
Mezz – Marihuana, vom Jazzer Mezz Mezzrow, der mit Marihuana gelegentlich seinen Lebensunterhalt verdiente
Miss Emma – Morphium
Mojo – Narkotika
Monkey – schwer Drogenabhängiger

Mud – Opium zum Rauchen
Nimby – Nembutal-Kapseln
Number – Marihuana
O.D. – Überdosis (Overdose)
Off – von Drogen weg sein
On a trip – unter Drogeneinfluß, LSD oder andere Halluzinogene
On the nod – unter Drogeneinfluß
Oranges – Dexedrine-Tabletten
Outfit – ein »hype« outfit, das komplette hypodermische Arsenal von der Nadel bis zum Löffel
Panic – Drogenverknappung
Peaches – Benzedrine-Tabletten
Peanuts – Barbiturate
Peddler – Narkotika-Verkäufer
Piece – Drogenbehälter
Pill Head – Amphetamin- oder Barbiturate-Gebraucher
Pill freak – Pill head
Pinks – Seconal-Kapseln
Pop – Drogen injizieren
Pot – Marihuana
Pothead – Marihuana-Raucher
The Pure – reines Heroin, das man 5-bis 6mal verdünnen (cut) kann
Pusher – Narkotika-Verkäufer
Rainbows – Tuinal-Kapseln
Rat fink – Polizeiinformant
Red devils oder *red birds* – Sekonal-Kapseln
Reefer – Marihuana Zigarette
Reefer joint – Marihuana Zigarette, aber auch: Gefängnis

Rip off – stehlen, ausbeuten
Rope – Marihuana
Roses – Benzedrin-Tabletten
Sam – Drogen-Bundesagent
Scat – Heroin
Score – Drogen kaufen
Shit – Haschisch
Shoot up – Drogen injizieren
Shot – Schuß, Drogeninjektion
Skag – Heroin
Sleigh ride – Kokain zu sich nehmen
Smack – Heroin
Sniffing – Narkotika schnupfen
Snow – Kokain, Schnee
Snowbird – Kokainist
Speedball – ein mächtiger Drogenschuß, gewöhnlich eine Kombination von Heroin und Kokain
Speed – eine Droge auf Amphetamin-Basis, Aufputschdroge, auf speed sein, auf einem rasanten Trip sein, umgangssprachlich: immer hektisch, energisch, dynamisch sein
Spike – eine hypodermische Nadel
Square – einer, der nicht weiß, was los ist, Normalbürger
Stardust – Kokain
Stick – Marihuana-Zigarette
Stoned – unter Drogeneinfluß
Strung out – abhängig, süchtig sein
Stuff – Narkotika
Sugar – Narkotika in Pulverform
Swingman – Drogenlieferant
T – Marihuana

Taste – eine kleine Drogenprobe
Tea – Marihuana
Tea head – Marihuana-Raucher
Texas tea – Marihuana (Mezz-Tea)
Travel agent – LSD-Lieferant
Trip – LSD-Reise
Truck drivers – Amphetamine
Turkey – eine vermeintlich mit einer Droge gefüllte Kapsel, die aber eine nicht-narkotische Substanz enthält
Turned on – unter Drogeneinfluß, auch: erregt
Turned off – weg von den Drogen
Turning people on – andern Leuten Drogen geben oder sie erregen
Twenty-five – LSD
Uncle – Bundes-Drogenagent
User – Heroin-Benutzer, allgemein: Drogennehmer
Weed – Marihuana
Weekend habit – Drogengebrauch auf kleiner, unregelmäßiger Basis
Whites – Amphetamin-Sulfat-Tabletten
White stuff – Morphium (auch Kokain, Heroin), weißes Zeug
Yellow Jackets – Nembutal-Kapseln
Yen-Pock – Opiumration, zum Rauchen vorbereitet
Yen pop – Marihuana
Yen-shee – der in der Opiumpfeife abgelagerte Rest nach dem Opiumrauchen
Yen-shee suey – Opiumwein, Yen-shee mit Wasser oder Whiskey gemischt
Zounk (Zonk) – unter Drogeneinfluß, gezonkt

Das Radio, der Wirt der Exzesse, der elektrische »Saft« bringt die Intoxikation durch Melodien. Im Äther tobt der Nervenkrieg. Ob der lauwarme Tod in Peter Alexanders Nuschelbad oder in der Quecksilber-Wanne des Disco-Sounds, Brüder im Verein des heimtückischen Todes sind sie alle. Das »populäre« Rauschen, das den Nachrichtendienst der Lust, den white noise der eisernen Schmetterlinge (Iron Butterflies) stört, versucht mit dem Code bedingter Reflexe dem Nervengift Musik den subversiven Zahn zu ziehen. Sie sind Gegen-Agenten, die den Code des Rausches mimiken, sie spritzen Getreide statt Halluzinogene, Wimmerl statt vor Leben strotzende Eiter, mattes Gegengift. Aber so oder so, das dämonische Lächeln des Radiomundes, die psychoaktive Schallplatten-Tablette, die von yellow california über yellow river zu yellow mellow den Purpurnebel, den Höhenrausch (purple haze von Jimmy Hendrix) mit fourth speed all time in den Äther blasen, stimulieren den Rausch der Sinnesdatenverarbeitung. Die Botschaft der metallenen Gurus erreicht, auch dosiert auf Weekend Habit, auf unregelmäßigen kleinen Gebrauch, auf Samstagnacht-Fieber, die Seelen der zarten Teens. Ob der alte Speedy Gonzales oder Flitter von silvermachine – it's the song of good old snow with fourth speed all time. Den silk bag (Heroin) schwingt Lou Reed und auch David Bowie kann ihn nicht in den Whisky von Sinatra transformieren. Die Disco-Musik ist eine Art Trivialliteratur der seriösen Hochkultur der halluzinogenen Rock-Droge. Die Rock-Kultur ist die schwarze Romantik und die Disco-Musik deren Trivialisierung, der Hohn auf eine Kreuzfahrt ans Ende der Ordnung. Also wie in der Literatur ein gattungsgeschichtliches Problem. Doch noch in den idiotischen Parasiten des Disco-Sounds lebt die Tradition der Piraten, wenn auch anverwandelt ans Bewußtsein der sloppy teens und squares. Die Freunde von

Dr. Hook und Taste spüren noch in Lady Bump von Penny McLane aus Kärnten die satanische Peitsche der Stooges, die das verkümmerte Bewußtsein für Minuten und wie auch immer verzerrt aktiviert, sehen noch im Penny der Trivialsongs den Widerschein der Goldmünze Rock-Alkaloid, hören sogar bei den Boney M.-Ponnys noch den Ritt der weißen Pferde. Radio-Power und die Platten-Pillen haben bewirkt, daß nicht nur eine Menge Drogenslang in die normale Umgangssprache assimiliert wurde, z.b. »hang up« für »persönliches Problem«, sondern die teilweise Vermischung von Alltags-, Drogen- und Musik-Slang bedeutet auch ein Medley von Alltags-, Drogen- und Musik-Erfahrung. Die Molekular-Energie der Droge, die künstliche Energie des an Lebenssehnsucht kranken Süchtigen hat also dem Leben selbst einen Schuß »Lebenswert« injiziert. Die Droge Musik, als Kommunikationsform und Umweltgestaltung, mag dafür, wenn es erlaubt ist, ein Beispiel sein und die Kommerzialisierung des Stils der Sängerin Nico, des Tranvestismus etc. durch Disco-»Queen« Amanda Lear ein Beleg. Kokomanie, Heroin-Zonk und Hasch-Kiff haben durch den musikalisch-kulturellen Kontakt-High auch die Welt des Normalbürgers verändert. Solcherart nicht mehr allein unter dem Einfluß der kirchlichen, sondern auch der weißen Messen der Coca, beginnen auch die ›Braunschuhe‹ in andere Richtungen zu laufen. Die Polizei und Presse mögen simpeln, was sie wollen, das Gift strömt aus dem Radio rund um die Uhr.

*D*ies ist die Speise des Paradieses – der künstlichen Paradiese Baudelaires: Sie könnte eine unterhaltsame Erfrischung für einen Damen-Bridge-Club darstellen oder für ein Ortsgruppen-Treffen der Töchter der Amerikanischen Revolution. In Marokko verwendet man es, um sich vor der an feuchten Wintertagen herrschenden Kälte zu schützen, und tatsächlich steigert sich die Wirkung, wenn es zusammen mit großen Mengen heißen Pfefferminztees eingenommen wird. Euphorie und perlende Gelächterstürme; ekstatische Träumereien und die Erweiterung der eigenen Persönlichkeit über mehrere Bewußtseinsebenen hinweg sollten in wohliger Ruhe erwartet werden. Fast alles, was die Heilige Theresa tat, werden Sie noch besser können, vorausgesetzt Sie ertragen es, aus einer »évanissement reveillé« herausgerissen zu werden.

Nehmen Sie einen Teelöffel schwarzer Pfefferkörner, eine ganze Muskatnuß, 4 mittellange Zimtstangen, 1 Teelöfel Koriander. Zerstoßen Sie diese in einem Mörser zu Pulver. Jeweils ungefähr eine Handvoll *entkernte Datteln, getrocknete Feigen, geschälte Mandeln und Erdnüsse: zerkleinern und miteinander vermengen.* Ein Bund Canabis sativa *zu Pulver zermörsern. Dieses zusammen mit den Gewürzen über die vermengten Früchte und Nüsse stäuben und alles miteinander verkneten. Ungefähr eine Tasse Zucker in einem Klumpen Butter schmelzen. Zu einem Fladen ausgerollt und dann in Stücke geschnitten oder zu wallnußgroßen Kugeln geformt, sollte der Früchte-Toffee mit Vorsicht verzehrt werden. Zwei Stücke sind durchaus genug.*

Es könnte einige Schwierigkeiten bereiten, das Canabis *aufzutreiben, aber die als* Canabis sativa *bekannte Variante wächst als gewöhnliches, oftmals übersehenes Unkraut überall in Europa, Asien und Teilen Afrikas; daneben wird es als Kulturpflanze für die Herstellung von Seilen angebaut. Obwohl des öfteren geächtet, wurde dessen Kousin, genannt* Canbis indica, *in Amerika sogar in den Blumenkästen von Stadtwohnungen gesichtet. Es sollte geerntet und getrocknet werden, sobald es Samen angesetzt hat und solange es noch grün ist.*

NACHWEISE: Auszug aus *Der Haschisch-Club* von Théophile Gautier, übersetzt von Christian Ruzicska, aus: Revue des Deux Mondes 1846 © Tropen Verlag 2002; *Der Alte vom Berge und seine Assassinen* von Marco Polo, übersetzt von Christian Ruzicska © Tropen Verlag 2002; Auszug aus *Der Haschisch Esser* von Fitz Hugh Ludlow, übersetzt von Eva Güldenstein © Nachtschatten Verlag AG 2001; Auszug aus *Die Dichtung vom Haschisch* von Charles Baudelaire, übersetzt von Max Bruns, aus: Baudelaire, Werke in deutscher Ausgabe, hrsg. von Max Bruns 1901-1910; Brief an Charles Baudelaire aus: Gustave Flaubert Briefe, herausgegeben und übersetzt von Helmut Scheffel © Diogenes Verlag AG 1977; *Die Cocawirkung beim gesunden Menschen* von Sigmund Freud, aus: Schriften über Kokain, herausgegeben von Albrecht Hirschmüller. Fischer Taschenbuch, Frankfurt © S.Fischer Verlag GmbH Frankfurt 1996; *Haschisch in Marseille* von Walter Benjamin, aus: Über Haschisch © Suhrkamp Verlag Frankfurt 1999; Auszug aus *Der Peyotl-Ritus der Tarahumaras* von Antonin Artaud, übersetzt von Brigitte Weidmann, aus: Mexiko © Matthes & Seitz Verlag 1992; Auszug aus *Auf der Suche nach Yage* von William S. Burroughs und Allen Ginsberg, übersetzt von Carl Weissner © Limes in der F.A. Herbig Verlagsbuchhandlung GmbH, München 1990; Auszug aus *Unseliges Wunder – Das Meskalin* von Henri Michaux, übersetzt von Gerd Henniger © Carl Hanser Verlag München Wien 1986; Auszug aus *LSD – mein Sorgenkind. Die Entdeckung einer »Wunderdroge«* von Albert Hofmann © Klett-Cotta, Stuttgart 2001; Auszug aus *Die Pforten der Wahrnehmung* von Aldous Huxley, übersetzt von Herberth E. Herlitschka © Piper Verlag GmbH, München 1970; Auszug aus *Die Tagebücher der Anaïs Nin 1947 – 1955* von Anaïs Nin, übersetzt von Manfred Ohl und Hans Sartorius © Nymphenburger in der F.A. Herbig Verlagsbuchhandlung GmbH, München 1978; Auszug aus *High Priest* von Timothy Leary, übersetzt von Ralf Chudoba © Timothy Leary 1986, 1995 (Ronin Publishing, Berkeley, CA); *Cosmo's Tasmanian Deviltry* von Tom Wolfe © Tom Wolfe 1968; *Dope und Pop* von Peter Weibel, aus: Pitigrilli, Kokain © Matthes & Seitz Verlag 1979; Auszug aus *Annäherungen* von Ernst Jünger, aus: Ernst Jünger. Sämtliche Werke. Band 11. © Klett-Cotta, Stuttgart 1978; *Haschisch-Toffee* von Brion Gysin, übersetzt von Ulf Müller © Tropen Verlag 2002. Nicht alle Inhaber der Bildrechte konnten ermittelt werden, Anfragen bitte an den Verlag.